Andreas Rostock

Der grüne Stadtführer: Hamburg

Rasch und Röhring Verlag

Bildnachweis:
Uwe Dunker: S. 8, 9, 10, 73, 101, 128, 129, 149, 152, 153
Günther Fielmann: S. 171
Andreas Rostock: S. 16, 17, 24, 25, 37, 48, 53, 61, 68, 140, 141, 176

Die Deutsche Bibliothek – CIP-Einheitsaufnahme
Rostock, Andreas:
Der grüne Stadtführer Hamburg/Andreas Rostock. – Hamburg:
Rasch und Röhring, 1998
ISBN 3-89136-666-3

Großer Burstah 42, 20457 Hamburg, Fax 040/37 13 89
Umschlaggestaltung: Peter Albers
Umschlagfoto: Michael Zapf
Satzherstellung: KCS GmbH, Buchholz/Hamburg
Druck und Bindearbeiten: Westermann Druck, Zwickau
Printed in Germany

Inhalt

Parks und Gärten: Gezähmte Natur 95

Gewußt, wo. Gewußt wie: Gut leben in der Stadt 143

Stichwortverzeichnis: Von Alster-Kreuzfahrt bis Zitronenfalter 191

Hamburg: Eine grüne Stadt

Wo gibt es in Hamburg freilebende Schlangen, und wo flattern noch Fledermäuse? Welcher Garten in Hamburgs Umgebung hat die meisten Schmetterlinge? Wo können Sie Hirsche bei der Brunft beobachten? Woher hat der Neuntöter seinen Namen, und wo in Hamburg jagt er seine Opfer? Was sind Plummslucker, Ziegenmelker, Teufelskrallen? Welche Hamburger Biobauern verkaufen gesunde Nahrung ab Hof? Die Liste der Fragen, die der grüne Stadtführer Hamburg beantwortet, ließe sich beliebig verlängern.

Hamburg ist eine grüne Stadt. Über die Hälfte des hamburgischen Staatsgebietes sind Freiflächen, also Wald, öffentliche Grünanlagen, Wasserflächen, Äcker und Felder. 1460 städtische Parkanlagen bieten rund 3000 ha Grünfläche. Mehr als 200 000 Bäume säumen Hamburgs Straßen. Hinzu kommen 27 Naturschutz- und etwa ebenso viele Landschaftsschutzgebiete. Der grüne Stadtführer stellt nur eine Auswahl dieser Landschaften vor, er beschreibt knapp und verständlich den typischen Charakter der jeweiligen Ausflugsgebiete und gibt Tips für die Anreise mit Fahrrad, Bus, Bahn oder Auto. Häufig deckt sich allerdings die Fahrrad- mit der Bus/Bahn-Anreise; denn es wird nur dann eine Fahrradstrecke beschrieben, wenn sie auch attraktiv ist. Das Buch liefert außerdem Hintergrundinformationen zu Geschichte, Entstehung und Bedeutung der Landschaftsfor-

Abendromantik an der Alster: Schwanenwikbrücke

Planten un Blomen unterm Fersehturm

Bolzen nach Feierabend: Winterhuder Stadtpark

men, beschreibt Tier- und Pflanzenvorkommen, weist auf weitere Attraktionen hin und nennt Restaurants beziehungsweise Cafés in unmittelbarer Umgebung.

Aber nicht nur Erholungsgebiete im äußeren Stadtgebiet werden vorgestellt, sondern auch zahlreiche Parks mitten in Hamburg. Sie sind grüne Oasen und Orte der Ruhe in einer pulsierenden Stadt.

Wohl alle Leserinnen und Leser werden Anregungen, die ihren persönlichen Erholungsbedürfnissen entsprechen, finden, ob sie nun zu Fuß den rauhen Charme unberührter Natur verspüren möchten, auf dem Drahtesel die Gärten entlangfahren, im Kanu die Wasserstraßen erkunden oder lieber in einem gemütlichen Café vom Warmen aus auf die Landschaft blicken möchten.

Darüber hinaus gibt das Buch viele Hinweise, wie man in Hamburg gut (gemeint ist gesund und umweltfreundlich) leben kann. Zahlreiche Adressen – vom Bioladen bis zum Ökowochenmarkt, vom Holzspielzeuggeschäft bis zum vegetarischen Restaurant, von der Bürgerinitiative bis zur Umweltbehörde – führen Einheimische und Besucher durch die grüne Elbmetropole. Ein Stichwortverzeichnis, das von der Alster-Kreuzfahrt bis zum Zitronenfalter führt, rundet den Stadtführer ab. Schlagworte wie Badeplätze, Duftgarten und Fahrradverleih, Haus der Natur, Waldspielplatz oder Wochenmärkte helfen beim schnellen Auffinden der gewünschten Tips und Informationen.

Wälder, Wiesen, Moore:
Ein Hauch von Wildnis

Ahrensburger und Stellmoorer Tunneltal: Zeugen der Eiszeit

Ein in der letzten Eiszeit geformtes abwechslungsreiches Tal mit Trockenrasen und Feuchtwiesen, Wäldern und Äckern. Lebensraum für seltene Pflanzen- und Tierarten.

Lage: Im Nordosten Hamburgs, entlang der Bahnlinie S4, zwischen Rahlstedt und Ahrensburg.

Fahrrad-Anreise: U1 bis Ahrensburg-Ost oder -West. Dann mit dem Fahrrad durchs Naturschutzgebiet.

Bus-/Bahn-Anreise: S4 bis Rahlstedt. Dann mit den Bussen 268 oder 175/275 bis zur Haltestelle Bargteheider Straße. Oder mit der U1 bis Ahrensburg-Ost oder -West.
Die Abfahrtszeiten und Verbindungen können beim Hamburger Verkehrsverbund telefonisch erfragt werden.
HVV-Info: ☎ 1 94 49

Auto-Anreise: Die B75, Meiendorfer Straße, Hamburger Straße bis zum P+R-Parkplatz am Bahnhof Ahrensburg-West.

Hier hat die Natur Vorfahrt

WÄLDER, WIESEN. MOORE

Fuß-, Rad- und Reitweg

Hintergrund: Ahrensburger Tunneltal und Stellmoorer Tunneltal bilden eine zusammenhängende, aus zwei aneinandergrenzenden Naturschutzgebieten bestehende Landschaft. Hamburg und Schleswig-Holstein arbeiten hier länderübergreifend für die Erhaltung der Natur zusammen. Das Tunneltal ist in der Eiszeit entstanden. Als zum letztenmal Gletscher aus Skandinavien nach Süden vordrangen (vor etwa 15 000 Jahren), schob sich eine Gletscherzunge bis zum heutigen Rahlstedt. Das Eis formte das Gelände vollständig um. Strudellöcher und Vertiefungen (Kolke) an der Talsohle der Wallberge in den Rahlstedter Teichwiesen und beim U-Bahnhof Ahrensburg-Ost sind Spuren dieser Landschaftsumgestaltung. Am Ende der Eiszeit floß das Eis in großen Rinnen ab, die teilweise heute noch im Gelände zu sehen sind. Das Tunneltal verdankt seinen Namen seiner Entstehung: Schmelzwasser floß unter dem Eis in einem Tunnel ab. So entstand ein Tal, das sich von anderen markant unterscheidet: Die Breite wechselt in kürzester Entfernung und variiert auf einer Länge von 7 km zwischen 0,2 und 2 km!

Wandse, Stellmoorer Quellfluß und Hopfenbach fließen durch das Tunneltal. Der Hamburger Teil des Naturschutzgebietes mißt 200 ha, der schleswig-holsteinische Teil 339. Ein Hektar (ha) entspricht 10 000 Quadratmetern.

Wegenetz: Das Ahrensburger und Stellmoorer Tunneltal ist ein durch zahlreiche Wander- und Reitwege gut erschlossenes Naherholungsgebiet.

Pflanzen: Das Gebiet besteht aus Wald, Moorresten, Wiesen, Teichen und Flüssen. Es ist, als wären viele typisch schleswig-holsteinische Landschaftsformen hier auf engstem Raum zusammengefaßt. (Wobei der Wald keine typische Naturform Schleswig-Holsteins ist.)

Seltene Pflanzen wie das breitblättrige Knabenkraut siedeln sich wieder an. Das breitblättrige Knabenkraut, auch breitblättrige Kuckucksblume genannt, ist ein Orchideengewächs. Die dunkelroten Blüten stehen seitlich ab, die meist gefleckten Blätter sind in der Mitte am breitesten. Die Blume wächst auf Flachmooren und nassen Wiesen, sie liebt nährstoffreichen, schwach sauren Boden und ist weniger als andere Arten gegen Stickstoff empfindlich. Auf den Trockenrasen, die im Sommer wie Steppe wirken, wachsen Pflanzen wie Hundsrose, niederliegendes Johanniskraut, Schmielenhafer und verschiedene Beeren- und Schlehenarten.

Auf den Wallbergen stehen Eichenkrattwälder. Sie sind Überreste einer alten Waldnutzungsform. Alle 10 bis 20 Jahre wurden Bäume gekappt, um Brennholz zu gewinnen. Nur die Eichen wurden geschlagen. Daher konnten sich viele der heute seltenen Wildbirnen und Wildäpfel halten.

Tiere: Die sehr unterschiedliche Landschaft bietet vielen teilweise vom Aussterben bedrohten Arten einen Lebensraum. An den Ufern der Wandse, des Stellmoorer Quellflusses und des Hopfenbaches und an den Teichen leben Kröten, Frösche und Molche. Insekten wie die seltene Mond-Azur-Jungfer und die große Königslibelle sind hier beheimatet. In den Teichen und Bächen gibt es Hechte und Stichlingsarten, aber auch Bachneunaugen und Gründlinge. Eisvögel und Graureiher fischen in den Teichen.

Die Hamburger Umweltbehörde stellt den alten, gewundenen Lauf begradigter Bäche und Flüsse wieder her. Entwässerte Feuchtgebiete werden in ihren ursprünglichen Zustand gebracht, so daß hier wieder Bekassinen, Kiebitze und Graureiher leben können. Selbst Störche sind wieder gesichtet worden. Auf den Wiesen weiden die zottigen schottischen Hochlandrinder. Die genügsamen Tiere schaden der Weide nicht.

Im Eichenkrattwald leben Buntspecht, Eichelhäher, Pirol, Rot- und Braunkehlchen. Sogar der vom Aussterben bedrohte blaue Eichenzippelfalter ist hier gesehen worden.

Feldhecken bieten Fasanen, Rebhühnern, Hasen und Kaninchen Lebensraum. Bussarde jagen von den Knicks aus Mäuse. Ein Knick ist ein Gebüschstreifen, der den Bauern als Begrenzung und Windschutz des Feldes dient. Häufig sind sie auf Erdwällen angelegt.

Der Forst Hagen im Bereich Ahrensburg ist Heimat für Waldvögel wie Schwarzspecht und Hohltaube. Auch Fledermäuse finden hier ihr Rückzugsgebiet.

Naturinteressierte können sich im Haus der Natur in Ahrensburg weiter informieren.

Haus der Natur Wulfsdorf, Verein Jordsand, Bornkampsweg 35, 22926 Ahrensburg, ☎ 0 41 02/3 26 56, täglich 10–17 Uhr, Weihnachten geschlossen.

Weitere Attraktionen:
Das Tunneltal ist wegen seiner zahlreichen Fundstätten aus der Steinzeit über die Region hinaus bekannt. Archäologen entdeckten hier Geräte von Rentierjägern aus Stein, Holz und Knochen. Am Fundplatz Stellmoor wurden erstmals in Europa Pfeil und Bogen aus der Zeit um ca. 8200 v. Chr. gefunden. Im Forst Hagen sind die flachen Steinhügel aus der Eisenzeit (etwa 500 v. Chr. bis Christi Geburt) stumme Zeugen der Vergangenheit.

In Ahrensburg – an der B75, Lübecker Straße – liegt in einem hübschen kleinen Park das Schloß Ahrensburg. Das um 1595 von Peter Rantzau erbaute Renaissanceschloß ist eine prunkvolle, schlanke Wasserburg mit vier Ecktürmen. Zwei Portallöwen empfangen die Besucher am Eingang des Schlosses.

Schloß Ahrensburg, Lübecker Straße 1, 22926 Hamburg, ☎ 0 41 02/4 25 10. Im Sommer Dienstag bis Sonntag 10–12.30 Uhr und 13.30–17 Uhr im Winter Dienstag bis Sonntag 10–12.30 Uhr und 13.30–15 Uhr (November–Januar) bzw. –16 Uhr (Oktober, Februar, März). Montag Ruhetag.

Restaurants: Vom südlichen Rand des Forsts Hagen gelangen Sie über den Spechtweg zur Dorfstraße, wo Sie im Ahrensfelder Hof einkehren können.

Ahrensfelder Hof, Dorfstraße 10, 22926 Ahrensburg, ☎ 0 41 02/6 63 16. Dienstag bis Sonnabend 12–14 + 18–22 Uhr, sonn- und feiertags 12–15 + 18–22 Uhr.

Duvenstedter Brook: Der rauhe Charme unberührter Natur

Die eigenwillige und abwechslungsreiche Landschaft mit Moor, Wald, Wiesen und Äckern ist Lebensraum zahlreicher Tiere und Pflanzen.

Lage: An der nördlichen Grenze Hamburgs, oberhalb des Wohldorfer Waldes.

Fahrrad-Anreise: Den Alsterwanderweg (s. S. 65) bis zur Wohldorfer Schleuse. Dort rechts den Schleusenredder durch den Wohldorfer Wald. Dann Mühlenredder links, Duvenstedter Triftweg rechts bis zum Informationshaus Duvenstedter Brook.

Bus-/Bahn-Anreise: U1 bis Ohlstedt, dann Buslinie 276 bis Duvenstedter Triftweg. Den Duvenstedter Triftweg bis zum Informationshaus Duvenstedter Brook gehen.
HVV-Info: ☎ 1 94 49

Auto-Anreise: Über Poppenbütteler Chaussee, Duvenstedter Damm bis zum Parkplatz Duvenstedter Triftweg gegenüber dem Informationshaus.

Hintergrund: Der Duvenstedter Brook gehört mit seinen 606 ha Fläche zu den größten Naturschutzgebieten Hamburgs. Das Wort »Brook« bedeutet »sumpfiges, von Wasser durchzogenes Gehölz«. Nach der letzten Eiszeit bildete sich hier eine Landschaft aus Wald und Moor.

Der Duvenstedter Brook wurde lange Zeit als Weide für Rinder, Schafe und Pferde genutzt. Das hatte den Rückgang der Waldfläche zur Folge, denn das Vieh fraß fast alles, was grün war. Auf den freien Flächen konnten sich Heidekrautgewächse ausdehnen. Im Mittelalter wurden Wälder großflächig gerodet, um Bau- und Brennholz zu gewinnen. Noch bis ins späte 19. Jahrhundert wurden im Ostbrook Holzkohlenmeiler betrieben. Außerdem wurde der Sumpf entwässert. Man wollte Ackerland gewinnen. Die Folge: Über den trockenen Torfen breiteten sich Birkenwälder aus. In einigen Moorsenken wird heute das Wasser wieder rückgestaut.

Wegenetz: Im Duvenstedter Brook sind im Gegensatz zum Wittmoor (s. S. 52) zahlreiche Wege gesperrt, um Tiere und Pflanzen besser zu schützen. Aber auch wenn Sie den Hauptwanderweg durch den Duvenstedter Brook gehen, erleben Sie eine unberührte Natur von magischer Schönheit.

Es ist nicht sonderlich schwer, sich im Duvenstedter Brook zu orientieren, wenn man auf den Hauptwegen bleibt. Ich schlage Ihnen eine Tour vor, die etwa 6 km lang ist und ungefähr 2 Stunden dauert: Beginnen Sie die Rundwanderung am Informationshaus. Gehen Sie dann den Duvenstedter Triftweg bis zur Weggabelung, und biegen Sie dann links am Forsthaus nach Kayhude ab. An der nächsten Kreuzung gehen Sie wieder links, immer geradeaus bis

Birken wuchsen, wo der Sumpf entwässert wurde

WÄLDER, WIESEN. MOORE

Zottig und genügsam: Galloway-Rind

Wiemerskamper Weg, dem Sie dann links bis zum Ausgangspunkt Informationshaus folgen.

Pflanzen: Im Duvenstedter Brook leben über 400 Pflanzenarten. Das Gebiet ist so artenreich, weil es unterschiedlichste Lebensräume birgt. Hier wachsen Torfmoose, Wollgras, Rosmarinheide, Moosbeere. Aber auch Besenheide, Glockenheide und Pfeifengras, außerdem Goldsterne, Wildäpfel, gelbe Anemonen, Orchideen, Bingelkraut, Primeln, Waldmeister, Einbeere, Knabenkraut, Sumpfwurz und Sonnentau. Der Sonnentau ist eine fleischfressende Pflanze. Er fängt und verdaut kleine Insekten und erhält durch die tierischen Eiweiße Stickstoff. So gleicht die Pflanze für sich den auf der Hochmooroberfläche herrschenden Stickstoffmangel aus. Dafür bedient sie sich eines simplen Tricks: Mit klebrigen Haaren täuscht der Sonnentau Tautröpfchen vor. Käfer, Fliegen und Mücken werden so angelockt und bleiben am Fangblatt kleben. Das Blatt rollt sich ein, die Insekten werden durch spezielle Blatthaare ausgesaugt.

Die absterbenden Birken im Duvenstedter Brook sind typisch für Moorgebiete, in denen das Wasser rückgestaut wird. Die Birken ertrinken und verrotten mit der Zeit. Auf diese Weise haben Sumpfpflanzen wieder eine Chance, sich auszubreiten.

Tiere: In der Brunftzeit, im September, können Sie, von eigens dafür angelegten Beobachtungsständen aus, Hirsche beobachten. Mit ihrem Röhren stecken sie untereinander ihre Position ab. Die älteren Hirsche sind meist die stärkeren. Das kraftvolle Röhren eines Althirsches vertreibt die jüngeren, oft schwächeren Konkurrenten. Nur wenn die »verbalen« Kraftakte nicht ausreichen, um eine Rangordnung herzustellen, kommt es zum direkten Kampf der Rivalen. Die stärksten Hirsche nehmen die besten, das heißt übersichtlichsten Brunftplätze ein und haben in ihrem Rudel die meisten Hirschkühe.

Das Hochwild im Duvenstedter Brook ist nicht so scheu wie in anderen Gegenden, weil hier Ruhezonen als Banngebiete ganzjährig gesperrt sind. In der Dämmerung können Sie die Tiere gut beobachten, vorausgesetzt, Sie verhalten sich ruhig, haben keine auffällige Kleidung an und der Wind steht nicht direkt zum Wild. Mit etwas Glück kann man manchmal auch ein Wildschwein beobachten.

Eine Art Pflanzenschutz betreiben Füchse, Marder, Iltisse, Wiesel, Dachse und Habichte. Sie halten die Zahl der Hasen, Kaninchen, Rebhühner, Fasanen und Enten in Grenzen.

Der Duvenstedter Brook ist außerdem ein Rückzugsgebiet für Sumpfvögel wie den Großen Brachvogel und die Bekassine (Sumpfschnepfe). Ferner brüten hier Sperber, Habichte, Eulen, Mäusebussarde und Turmfalken. Adler und Falken haben hier ihr Jagdgebiet; Raubwürger und Neuntöter stürzen sich im offenen Gelände auf ihre Beute und spießen sie auf Dornen, um sich einen Vorrat anzulegen. Singvögel sind im Waldteil des Brookes zu hören. Und manchmal hört man den Kuckuck rufen.

Weitere Attraktionen: Ein mit Wassergräben umgebenes Herrenhaus aus dem Jahr 1712. Vom Informationshaus gehen Sie den Weberstieg bis zur Herrenhausallee, der Sie rechts bis zum Herrenhaus folgen. Der Fachwerkbau war ehemals Sitz der Hamburgischen Waldherrenschaft, später Gästehaus und Sommersitz des Senats.

Restaurants: Schräg gegenüber dem Herrenhaus erwartet Sie die freundliche Bedienung des Gasthauses Zum Bäcker, um Sie mit leckeren Speisen zu verwöhnen.

Zum Bäcker, Herrenhausallee 9, 22397 Hamburg, ☎ 60 76 53 97. Täglich von 12–22 Uhr.

Fischbeker Heide: Heidschnucken und Besenheide

Eine Landschaft, in der im Sommer, wenn auch der Enzian blüht, Libellen und Schmetterlinge über die Heide flattern. Wie ein Meer von Wattebäuschen fruchten im Frühjahr Wollgräser.

Lage: Südlich der Elbe, in den Harburger Bergen.

Fahrrad-Anreise: S3 bis Neugraben, dann über Neugrabener Bahnhofsstraße und Ringheide zum Naturschutzgebiet.

Bus-/Bahn-Anreise: S21 bis Neugraben, Bus 140/240 bis Fischbeker Heuweg, dann den Scharlbarg hochgehen bis zum Naturschutzgebiet.
HVV-Info: ☎ 1 94 49

Auto-Anreise: A7 bis Abfahrt Heimfeld, dann B73, Stader Straße, Cuxhavener Straße, Richtung Buxtehude. In Fischbek in die Neugrabener Bahnhofsstraße einbiegen und ihr bis zum Waldparkplatz folgen.

Hintergrund: Südlich der Elbe liegt in den Harburger Bergen eines der größten Naturschutzgebiete Hamburgs, die Fischbeker Heide. Mit 773 ha ist sie fünfmal so groß wie der Hamburger Stadtpark. Die Harburger Berge bildeten sich vor 200 000 Jahren, als Sand und Kies sich in Mengen vor dem Rand einer 1000 m dicken Eisschicht ablagerten. Es war die vorletzte Vereisung Norddeutschlands.

Schon in der Jungsteinzeit (3000–1600 v. Chr.) lebten hier Menschen. Archäologen fanden ihre Gräber auf dem Gelände zwischen Heidekrug und Tempelberg. »Trichterbecherleute« oder »Tiefstichkeramiker« werden die ersten Menschen, die sich hier ansiedelten, genannt. Die Harburger Berge sind der größte geschlossene Waldkomplex Hamburgs.

Die Heidepflanzen der Fischbeker Heide verdanken ihre flächendeckende Ausbreitung den Menschen und den Schafen. Bauern holzten Bäume ab, Heidschnucken fraßen die neuen Baumkeimlinge. Auf der freien Fläche konnte sich die Heide ausbreiten. Heute wird sie maschinell gepflegt.

Während 2000 v. Chr. der Wald von Bauern gerodet wurde, diente das Holz in der Bronzezeit (1600–600 v. Chr.) dem Erhitzen der Schmelzöfen. Etwa 500 v. Chr. brannten Köhler Holzkohle. Auch hierfür mußten Bäume gefällt werden. Die Holzkohle wurde für die Produktion von Eisen verwandt.

Aber nicht nur der Mensch hat die Fischbeker Heide geprägt. Dort, wo wasserdurchlässige Bodenschichten auf wasserundurchlässige treffen, traten Quellen hervor. Solche Quellmoore sind heute die letzten Heimstätten für viele selten gewordene Pflanzen und Tiere.

Pflanzen: In den trockenen Heidegebieten wächst vor allem die Besenheide. Sie ist ein Zwergstrauch, weil sie im Alter verholzt, und blüht von Juni bis September. Ihr Holz ist schwer zersetzbar, und sie sorgt dafür, daß der Heideboden seine auffällig graue Farbe erhält. An, in und von der Besenheide leben Hunderte von Tierarten. Es ist nicht selten, daß ein Strauch voller Spinnennetze hängt. Der Name stammt daher, daß Bäuerinnen daraus früher ihre Besen banden. Auch zum Heizen und als Streu für den Stall nutzten sie die Besenheide.

Versteckt zwischen der Heide wachsen der Behaarte Ginster und der dornige Englische Ginster. In der Fischbeker Heide finden Sie außerdem die Krähenbeere, die nadelige immergrüne Blätter hat und im August schwarze kugelige Früchte trägt, und die Bärentraube. Sie ist allerdings seltener zu entdecken, da hier ihre südliche Verbreitungsgrenze ist. Sie hat dunkelgrüne Blätter mit einem auffallenden Adernetz und scharlachrote Früchte. Die Blätter der Bärentraube können gegen Blasenbeschwerden helfen. Das Pflücken im Naturschutzgebiet ist allerdings verboten.

Auch der Gagelstrauch oder Rote Porst wächst in der Fischbeker Heide. Die gelben Öldrüsen an seinen Ästen duften aromatisch. Im Frühjahr fruchten die Wollgräser und sehen dann aus wie ein Meer von Wattebäuschen. Von Juli bis September blüht der Enzian und bis August die gelben Lilien. Auch Torfmoose sind hier heimisch.

Tiere: Von Juli bis Oktober kann man in der Feuchtheide Libellen beobachten. Schmetterlinge wie der Admiral, das Heide-Grünwidderchen oder verschiedene Bläulingsarten kommen ebenfalls vor. Auch Vogelliebhaber kommen auf ihre Kosten: Tagsüber singt manchmal die Heidelerche, nachts – schon seltener, aber dafür laut und schnurrend – der Ziegenmelker. Der Ziegenmelker ist ein stark bedrohter Nachtvogel, der in der Dunkelheit Nachtschmetterlinge jagt.

Die Bauten der Sand- und Wegwespen sind äußerst trittempfindlich. Spaziergänger sollten Rücksicht nehmen und ihre Hunde an der Leine laufen lassen.

Auch Reptilien wie die Zauneidechse, die Berg- oder Waldeidechse und – abseits der Wege – die Kreuzotter leben in der Fischbeker Heide.

Weitere Attraktionen: Im »Schafstall«, einem reetgedeckten Fachwerkhaus, gibt es weitere naturkundliche Informationen zur Fischbeker Heide. Das Naturschutzinformationshaus wird vom Naturschutzamt Hamburg und der Stiftung zum Schutze gefährdeter Pflanzen betreut.

Informationshaus »Schafstall«, Fischbeker Heideweg 43 a, ☎ 7 02 66 18. April bis Oktober, Mittwoch 10–13 Uhr, Donnerstag, Freitag 14–17 Uhr, Sonnabend und Sonntag 11–17 Uhr.

Restaurants: Das Restaurant des Hotels Deutsches Haus ist auch für Tagesgäste geöffnet.

Restaurant/Hotel Deutsches Haus, Bergheide 1/Ecke Neugrabener Bahnhofsstraße, 21149 Hamburg, ☎ 7 01 01 30. Montag bis Freitag 16–22 Uhr, Sonnabend 12–22 Uhr, Sonntag 12–21 Uhr.

Hainesch-Iland: Uraltes Ackerland inmitten des Waldes

Schattige Bachläufe und waldumstandene Ackerflächen erwarten Sie in dem rund 60 ha kleinen Naturschutzgebiet.

Lage: In Bergstedt, im Norden Hamburgs, zwischen Poppenbüttel und Volksdorf.

Fahrrad-Anreise: Den Alsterwanderweg (s. S. 65) hoch bis zur Mellingburger Schleuse. Dann Mellingburgredder bis zur Straße Alte Mühle. Die Straße hinunter bis zum Mühlenteich.

Bus-/Bahn-Anreise: Mit der Buslinie 175 zur Haltestelle Iland. Halbstündiger Fußweg. Gehen Sie entlang der Saselbek bis zur Brücke, die Sie links über einen Teich führt. Dann biegen Sie rechts ab und folgen der Saselbek auf dem Wanderweg bis zum Mühlenteich.
HVV-Info: ☎ 1 94 49

Auto-Anreise: Von der Bundesstraße 434 biegen Sie links in den Saseler Mühlenweg ein und dann rechts in die Alte Mühle und fahren bis zum Parkplatz am Mühlenteich.

Hintergrund: Hainesch und Iland sind Hochflächen, die

durch Sickerwasser die Quellen in den Steilhängen der Nebentäler speisen. Während der Eiszeit überdeckten Gletscher das Gebiet. Als die Eismassen schmolzen, suchte sich die Saselbek ihren Lauf durch das Tal. Die Flächen des Kurzen und des Langen Iland wurden im Mittelalter gerodet. Man brauchte Holz zum Bauen und Brennen. Der Name »Hainesch« ist abgeleitet von »Esch«, »ewiges Kornfeld«. Die Waldlichtung Hainesch ist uraltes Ackerland. Mit dem 1975 unter Naturschutz gestellten Gebiet Hainesch-Iland soll eine alte bäuerliche Kulturlandschaft erhalten bleiben.

Wegenetz: Im Gebiet sind mehrere Wander- und Reitwege.

Pflanzen: Das Naturschutzgebiet Hainesch-Iland ist eine alte bäuerliche Kulturlandschaft. Die Bauern nutzten den natürlichen Eichen-Buchen-Wald als Krattwald, das heißt, sie schlugen die Bäume bis an die Wurzeln ab. Der Wald konnte sich so jahrhundertelang stets erneuern. Dort wachsen seltene Blütenpflanzen wie etwa die Teufelskralle, die ihren Namen von ihren gebogenen Blütenknospen hat.

Auf den Steilhängen, die den Mühlenteich umgeben, stehen Erlen, Eichen, Birken und Buchen. Im Überschwemmungsgebiet der Saselbek wächst ein Auenwald aus Weiden, Erlen und Eschen.

Tiere: Im Mühlenteich brüten Enten im Röhricht. An den Steilufern der Saselbek baut der Eisvogel seine Höhlen. Kernbeißer, Waldkauz, Grün- und Buntspecht brüten im Eichen-Buchen-Wald. An den Waldrändern und auf den Blumenwiesen bedienen sich im Sommer zahlreiche Bienen, Hummeln und Falter.

Weitere Attraktionen: Vom Mühlenteich gelangen Sie in wenigen Minuten zu einem Waldspielplatz. Gehen Sie zwischen Mühlenteich und Tennisplätzen geradeaus bergauf. Sie kommen am Sportplatz vorbei, wo in der Woche Hundehalter ihre Lieblinge toben lassen. Ein Stückchen weiter ist auf einer Lichtung der Waldspielplatz. Kinder erklimmen Kletterstämme, balancieren auf dem Holzkrokodil, wippen, schaukeln, buddeln im Sand.

Restaurants: Am Mühlenteich versperrt eine Holzschranke die Durchfahrt. Und das hat seinen guten Grund: In der Mitte der *Straße* Alte Mühle ist das *Restaurant* Alte Mühle. In dem 200 Plätze fassenden Biergarten direkt am Mühlenteich trifft man sich bei gutem Wetter, um ungestört von Autolärm und Alltagshektik zu trinken und zu speisen.

Alte Mühle, Alte Mühle 34, 22395 Hamburg- Bergstedt, ☎ 6 04 91 71. Mittwoch bis Sonntag 12–21.30 Uhr, Montag und Dienstag Ruhetag.

Heuckenlock: Gummistiefel nicht vergessen

Mit seinem Tide-Auenwald, den Quellmoosen sowie Süßwasserwatten ein seltenes Areal im Urstromtal der Elbe. Es ist 3 km lang und 300 bis 400 m breit.

Lage: Im Süden Hamburgs zwischen Stillhorn und Moorwerder am Nordufer der Süderelbe. Die A1 schneidet das Gebiet.

Fahrrad-Anreise: Nicht zu empfehlen.

Bus-/Bahn-Anreise: S3 bis Wilhelmsburg, dann mit dem Bus 351 bis Heuckenlock.
HVV-Info: ☎ 1 94 49

Auto-Anreise: A1 bis Abfahrt Stillhorn. Dann über Stillhorner Hauptdeich und Moorwerder Hauptdeich zum Heuckenlock.

Hintergrund: Im Mittelalter verhinderten Grenzstreitigkeiten eine Erweiterung des Hamburger Hafens. Der Heuckenlock konnte so in seiner natürlichen Form erhalten werden. Er ist heute das einzige Gebiet Europas, in dem es noch einen Tide-Auenwald mit Quellmoosen gibt.

Auch Süßwasserwatten bilden sich hier, weil der Einfluß des salzigen Meerwassers auf die Elbe schon bei Glückstadt endet. Ebbe und Flut prägen den Heuckenlock. Etwa 100mal im Jahr wird das Gebiet bei Hochwasser bis zu 3,50 m überflutet. Das Elbwasser schwemmt Sand und nährstoffreichen Schlick bis an die Deichkante. Deshalb gibt es hier eine so üppige Vegetation. Wegen des sandigen und schlickigen Bodens sind Gummistiefel zu empfehlen.

Wegenetz: Lediglich zwei Wege von insgesamt weniger als 1000 m führen ins Naturschutzgebiet.

Pflanzen: Mit etwa 700 Pflanzenarten ist der Heuckenlock das artenreichste Hamburger Schutzgebiet. Hier wachsen stark gefährdete Pflanzen wie Schierlings-Wasserfenchel, Langblättriger Ehrenpreis und Schwarzpappel.

Der Wald wird forstwirtschaftlich nicht genutzt. Die Bäume erreichen ein hohes Alter. Der älteste Baum ist eine 400 Jahre alte Flatterulme. Ihr Stamm hat einen Umfang von 4,40 m. Totholz wird liegengelassen. Es bietet Lebensraum für Pilze, Moose, Käfer und Schnecken.

Tiere: Die Auwälder des Heuckenlocks waren einst sehr vogelreiche Gebiete. Aber die vielen Störungen haben die großen Vogelarten wie Weißstorch, Graureiher und Rohrdommel weitgehend vertrieben. Im Schilf brüten auch heute noch Rohrsänger und Rohrammer.

Weitere Attraktionen: Keine.

Restaurants: Keine.

Der Baum weist den Weg

Rodenbeker Quellental: Wasserläufe durchziehen den Forst

Bredenbek, Rodenbek und Alster durchfließen die vielfältige Waldlandschaft mit Erlen, Buchen und Eichen.

Lage: Im Norden Hamburgs. Zwischen Ohlstedt und Lemsahl-Mellingstedt.

Fahrrad-Anreise: Den Alsterwanderweg (s. S. 65) bis Rodenbeker Quellental fahren.

Bus-/Bahn-Anreise: Der Bus 376 fährt fünfmal am Tag ab Hoisbüttel (U1) zum Sarenweg. Gehen Sie über die Alsterbrücke. Dann sehen Sie schon den Waldweg und den Rodenbeker Teich, hinter dem das Restaurant Quellenhof liegt.
HVV-Info: ☎ 1 94 49

Auto-Anreise: Die B434, Bergstedter Chaussee, bis zur Alten Schmiede in Bergstedt. Dort biegen Sie links ab und folgen der Rodenbeker Straße bis zu einer scharfen Linkskurve (Trillup), der Sie bitte nicht folgen. Fahren Sie geradeaus ein paar Meter Waldweg bis zum Parkplatz am Rodenbeker Teich.

Hintergrund: Das Rodenbeker Quellental ist ein 50 ha kleines Naturschutzgebiet. Drei Flüsse begrenzen es: Alster, Rodenbek und Bredenbek. Die Landschaft hat ihren Namen von der Rodenbek und von den Quellen, die aus den Hängen oberhalb der Alster fließen. Sie gehören zu den wenigen natürlichen Waldquellen, die Hamburg hat. Nach der letzten Eiszeit grub die Alster sich ihren Lauf durch das Tal. Schon um Christi Geburt nutzten Bauern einen Teil des ursprünglichen Waldgebietes zum Ackerbau. Im Mittelalter prägten eine Ziegelei und die Rodenbeker Mühle das Quellental. Der Anstau der Bredenbek zu mehreren Fischteichen veränderte die Landschaft abermals. Die einst begradigte Rodenbek wurde in unserer Zeit wieder in ihr altes, windungsreiches Flußbett zurückverlegt. Seit 1977 ist das Rodenbeker Quellental Naturschutzgebiet.

Wegenetz: Die Hauptwanderwege sind: 1.) der Abschnitt des Alsterwanderweges (s. S. 65) auf dieser Höhe, 2.) die Verlängerung der Rodenbeker Straße, die im Wald nicht mit dem Pkw befahren werden darf. Für Fahrradfahrer eignet sich der zweite Weg besser, da hier weniger Wurzeln und weniger Steigungen und Gefälle sind.

Pflanzen: Das Rodenbeker Quellental ist zwar ein kleines, aber ein sehr abwechslungsreiches Naturgebiet. Laubmischwälder – überwiegend Buchen, Eichen und Birken – wachsen auf den von der Eiszeit hügelig geformten Lehm- und Sandböden. Der Randstreifen der Alster ist im Frühjahr oft überschwemmt; hier stehen Auwälder aus Erlen und Eschen. Auch Sumpfdotterblumen haben sich angesiedelt. Seltene Pflanzen wie Waldprimel und Milzkraut wachsen an den Rändern der Quellen, die aus dem Alsterhang hervortreten. Der Name »Waldprimel« rührt daher, daß die 15 bis 30 cm hohe Waldpflanze bereits im März blüht (lat. primus = der erste). Ihre Blüten sind schwefelgelb. Das 8 bis 15 cm hohe Milzkraut ist eine alte Heilpflanze und hat daher ihren Namen. Es sind bisher allerdings keine Wirkstoffe nachgewiesen worden.

Tiere: Die Flüsse, die das Rodenbeker Quellental durchziehen, bieten vielen Tieren Lebensraum. In der Rodenbek leben vereinzelt Flußmuscheln und Flußkrebse. Die Gebirgsstelze brütet hier. Die blauflügelige Prachtlibelle legt ihre Eier auf besonnten Wasserpflanzen ab. Für sie werden Lichtungen an der Alster von Hand freigehalten. In der Bredenbek leben Gründling, Hecht und Flußbarsch; in den Teichen Frösche, Molche und Kröten. Auf den Waldwiesen kann man sich an Schmetterlingen wie Tagpfauenauge und Distelfalter erfreuen. Wundern Sie sich nicht über das viele Totholz im Rodenbeker Quellental. Es wird gefördert, weil so Lebensraum für zahlreiche Tiere entsteht, unter anderen Buntspecht und Weidenmeise.

Weitere Attraktionen: Am Campingplatz ist ein Spiel- und ein Grillplatz.

Restaurants: Hinter dem Quellenteich liegt der Quellenhof. Das 70 Jahre alte Restaurant hat sich seinen altmodischen Charme bewahrt. Hier kann man präparierte Tiere und Geweihe bewundern. Inhaberin Anita Frommé bietet Kaffee und selbstgebackenen Kuchen zu familienfreundlichen Preisen. Sie ist ein Original und – wenn wenig Betrieb ist – auch einmal zu einem Schwätzchen bereit. An Sommersonntagen, wenn ihr schöner Garten brechend voll ist, freut sie sich über jeden, der seine Getränke selbst am Tresen abholt.

Gasthaus Quellenhof, Rodenbeker Straße 126, 22395 Hamburg, ☎ 6 04 92 28. Täglich 11–20 Uhr.

Sachsenwald: Ein ungewöhnliches Stück Schleswig-Holstein

Der Sachsenwald ist wegen seiner Nähe zur Großstadt ein typisches Ausflugsziel für Hamburgerinnen und Hamburger. Zahlreiche Wanderwege führen durch diesen Wald, der seit 1871 im Besitz der Familie Bismarck ist.

Lage: Östlich von Hamburg, oberhalb Aumühle und Friedrichsruh.

Fahrrad-Anreise: Von der S-Bahn-Station Aumühle (S21) wenige Minuten zum Sachsenwald.

Bus-/Bahn-Anreise: S21 bis Aumühle oder Friedrichsruh.
HVV-Info: ☎ 1 94 49

Auto-Anreise: Mit dem Auto die BAB 24 HH–Berlin, Abfahrt Witzhave, Richtung Trittau, in Grande rechts durch Friedrichsruh nach Aumühle. Oder – ebenfalls BAB 24 – Ausfahrt Reinbek, Schnellstraße Richtung Reinbek, Aumühle rechts abbiegen, durch Aumühle bis Friedrichsruh.

Hintergrund: Schleswig-Holstein, da denkt man an plattes Land, ans Meer, an Felder und Wiesen, aber weniger an Waldgebiete. Der Sachsenwald ist mit seinen 6785 ha der größte geschlossene Wald Schleswig-Holsteins, wird allerdings im Norden durch die Bundesautobahn 24 und im Süden durch eine Bahnlinie zerschnitten. Er ist eng mit dem Namen Fürst Bismarck verbunden. Denn Otto von Bismarck erhielt 1871 den Sachsenwald von Kaiser Wilhelm I. als Geschenk. Noch heute ist der Wald im Besitz der Familie. In Friedrichsruh im Mausoleum ruht der ehemalige Reichskanzler.

Wegenetz: Der Sachsenwald ist durch ein umfangreiches Netz von Wanderwegen sehr gut erschlossen. Ein einfacher und schöner Wanderweg führt von Aumühle entlang der Bille nach Grande. Dort befindet sich die Grander Mühle, ein gemütliches Restaurant. Für diese Wanderung sollte man hin und zurück einen ganzen Tag veranschlagen.

Pflanzen: Der Sachsenwald ist traditionell ein Forstgebiet. Lange Zeit wurden daher vor allem Fichten gepflanzt. Heute wird aus forstwirtschaftlichen und ökologischen Gründen Mischwald angestrebt. Doch zunehmend tritt die Bedeutung des Sachsenwaldes als Erholungsgebiet in den Vordergrund, besonders im Billetal. Es ist seit 1987 Naturschutzgebiet.

Tiere: Verschiedene Spechtarten, ebenso Eichelhäher, Meisen, Amseln und Kuckucke. Das Rotwild ist teilweise eingegattert und daher nicht so gut zu beobachten wie etwa im Duvenstedter Brook (s. S. 22), der weniger Wanderwege, dafür aber Aussichtsstände bietet.

Weitere Attraktionen: Grabhügel der Bronzezeit finden sich überall im Wald. Außerdem entdeckten Archäologen steinzeitliche Siedlungen. In Friedrichsruh befindet sich der Garten der Schmetterlinge (s. S. 103).

Restaurants: In Grande am Billewanderweg lädt die Grander Mühle zu einem gemütlichen Essen ein. Wer gleich in Aumühle einkehren möchte, ohne große Wanderung, kann dies in der Fürst Bismarck Mühle tun.

Grander Mühle, Lauenburger Straße (keine Hausnummer), 22958 Kuddewörde, ☎ 0 41 54/24 12. Mittwoch bis Sonntag 12–23 Uhr, Montag und Dienstag Ruhetag.

Fürst Bismarck Mühle, 21521 Aumühle, ☎ 0 41 04/20 28. Donnerstag bis Dienstag 12–21.30 Uhr, Mittwoch Ruhetag.

Volksdorfer Teichwiesen: Die Schönheit der Seerose

Auf den naturnahen Wiesenflächen dieses jungen Naturschutzgebietes (seit 1993) leben seltene Pflanzen- und Vogelarten.

Lage: Im Nordosten Hamburgs ganz in der Nähe des Volksdorfer Bahnhofs.

Fahrrad-Anreise: Vom Volksdorfer Bahnhof über die Farmsener Landstraße, den Saseler Weg und die Straße An den Teichwiesen.

Bus-/Bahn-Anreise: Bus 175 oder U1 bis Haltestelle Volksdorf. Vom Volksdorfer Bahnhof über die Farmsener Landstraße, den Saseler Weg und die Straße An den Teichwiesen.
HVV-Info: ☎ 1 94 49

Auto-Anreise: Fahren Sie möglichst nicht mit dem Auto. In Volksdorf herrscht – besonders an Markttagen – Parkplatznot. Zu den Volksdorfer Teichwiesen gelangen Sie von der Saseler Chaussee über die Stadtbahnstraße, den Saseler Markt und den Waldweg.

Hintergrund: Der BUND (Bund für Umwelt und Naturschutz Deutschland) betreut die Volksdorfer Teichwiesen. Es ist mit sein Verdienst, daß der Hamburger Senat die Teichwiesen 1993 unter Naturschutz stellte. Das war gerade noch rechtzeitig, denn ein Flächennutzungsplan sah unter anderem die Zerschneidung der Teichwiesen durch eine Stadtautobahn vor. Das Gebiet ist in den vergangenen Jahrzehnten landwirtschaftlich lediglich als Weide für Pferde, Schafe und Rinder genutzt worden. Daher konnten seltene Pflanzen und Tiere überleben.

Wegenetz: Ein Weg führt entlang den Teichwiesen.

Pflanzen: Die Schönheit der blühenden Seerosen fällt wohl jedem auf, der im Sommer an den Volksdorfer Teichwiesen entlangspaziert. Die prächtigen Blüten verzieren besonders am südlichen Ufer des großen Teiches die Wasseroberfläche. Die tellergroßen, lederigen Blätter halten sich auf dem Wasser, weil sie mit Luftblasen gefüllt sind. In den Volksdorfer Teichwiesen sind die Seerosen fast die einzigen Wasserpflanzen. Die Karpfen durchwühlen den schlammigen Boden und reißen zarte Pflanzen heraus. Die zähen und ausdauernden Seerosen aber sind mit ihren Wurzeln fest verankert.

In den Wiesen wachsen im Frühjahr Sumpfdotterblumen. Das breitblättrige Knabenkraut (auch breitblättrige Kuckucksblume genannt) ist eine der seltenen Orchideenarten, die auf den nassen Teichwiesen gedeihen. Vom Weg können Sie mit dem Fernglas die dunkelroten Blüten erkennen. Die Blätter, die in der Mitte am breitesten sind, sind in der Regel gefleckt.

Tiere: Die seltene Sumpfschrecke fällt nicht sofort ins Auge, obwohl sie mit gigantischen drei Zentimetern Länge eine der größten deutschen Feldheuschrecken ist. Die Sumpfschrecke kann sehr gut fliegen und ist vermutlich aus dem Duvenstedter Brook (s. S. 22) in die Teichwiesen gekommen. Sumpfschnepfen, Eisvögel und Haubentaucher können Sie gut beobachten. Auch der Kiebitz brütet hier. Der BUND bietet sachkundige Führungen durch diese mit öffentlichen Verkehrsmitteln gut zu erreichende Grünlandfläche an.

i BUND (Bund für Umwelt und Naturschutz Deutschland), Landesverband Hamburg e. V., Lange Reihe 29, 20099 Hamburg, ☎ 24 44 11.

Weitere Attraktionen: Vom Volksdorfer Bahnhof gelangen Sie über die Claus-Ferck-Straße und die Straße Im Alten Dorfe zum Museumsdorf Volksdorf. In den Fachwerkhöfen können Sie nachempfinden, wie das bäuerliche Leben früher einmal war. Eine Schmiede, ein Backofen im Freien und ein Brunnen erwarten Sie. Schnatternde Gänse, gackernde Hühner, meckernde Ziegen und blökende Schafe schaffen die passende Atmosphäre. Im Sommer gibt's gegen Erstattung der Mehrkosten standesamtliche Trauungen. Hierfür wenden Sie sich bitte an das Standesamt des Bezirksamtes Wandsbek: ☎ 68 89-0. In den Monaten Mai, Juni, August und September finden im Museumsdorf jeweils am letzten Sonnabend des Monats Tage der offenen Tür statt. Von 14 bis 17 Uhr werden dann ländliche Handwerke wie Brotbacken, Hufbeschlag oder Schafschur vorgeführt. Außerdem gibt es museumspädagogische Veranstaltungen mit Grundschulklassen, ☎ 6 03 90 98.

Museumsdorf Volksdorf, Im Alten Dorfe 48, 22359 Hamburg, ☎ 6 03 52 25. Dienstag bis Sonntag 8–18 Uhr, Montag Ruhetag, Führungen im Sommer täglich 15 Uhr, im Winter Sonnabend und Sonntag 15 Uhr. Ab 8 Personen Führungen auf Vorbestellung.

Restaurants: Ganz in der Nähe des Museumsdorfes befindet sich der Dorfkrug Volksdorf.

Dorfkrug Volksdorf, Im Alten Dorfe 44, 22359 Hamburg, ☎ 6 03 92 94. Montag, Dienstag, Donnerstag bis Sonnabend 18–22.30 Uhr, Sonntag 12–14.30 + 18–21.30 Uhr, Mittwoch Ruhetag.

Bergstedter Wohnidyll

Wedeler Marsch: Ein kleines Paradies der Vogelwelt

Die Vogelbeobachtungsstation Fährmannssand in der Wedeler Marsch ist ein wahres Mekka für Vogelfreunde.

Lage: Westlich von Wedel.

Fahrrad-Anreise: S1 bis Wedel, dann Bahnhofsstraße, Gorch-Fock-Straße, Schulauer Straße bis zur Deichstraße, auf dem Deich Richtung Jachthafen bis zur Vogelbeobachtungsstation Fährmannssand.

Bus-/Bahn-Anreise: S1 bis Wedel, dann eine Stunde Fußweg: Bahnhofsstraße, Gorch-Fock-Straße, Schulauer Straße bis zur Deichstraße, auf dem Deich Richtung Jachthafen bis zur Vogelbeobachtungsstation Fährmannssand.
HVV-Info: ☎ 1 94 49

Auto-Anreise: Mit dem Auto über die Schulauer Straße auf die Deichstraße bis zu einem der beiden Parkplätze. Dann zu Fuß auf dem Deich stromabwärts bis Fährmannssand.

Hintergrund: Als Herzstück der Wedeler Marsch wird das Fährmannssander Süßwasserwatt bezeichnet. Hier ist auch die Vogelbeobachtungsstation Fährmannssand. Viele Vogelfreunde pilgern Jahr für Jahr ins »Hermann-Kroll-Haus«, um von den Unterständen aus Vögel zu beobachten. Das 1984 gegründete Informationshaus hat seinen Namen von dem Ornithologen Hermann Kroll, der in den fünfziger und sechziger Jahren in der Wedeler Marsch Bestandsdaten zusammentrug, indem er Vögel wie Kiebitz, Feldlerche und Wiesenpieper zählte. Der »Deutsche Bund für Vogelschutz« hat es sich mit seinem Hamburger Landesverband zur Aufgabe gemacht, die Wedeler Marsch vor menschlichen Eingriffen zu schützen. Davon profitieren nicht nur viele vom Aussterben bedrohte Tier- und Pflanzenarten, sondern auch wir Menschen, denn die Wedeler Marsch ist ein wertvolles Naherholungsgebiet.

Wegenetz: Wenige Wege. Die Vögel werden von der Beobachtungsstation aus betrachtet.

Pflanzen: Weltweit einmalig sind die nur im Süßwassertidebereich der Elbe vorkommenden Gräser Wibels Schmiele und der Schierlings-Wasserfenchel, die Reisquecke und die Tide-Brunnenkresse. Eine Besonderheit ist auch die Schachblume, eine Lilienart, die erst nach siebenjähriger Entwicklungszeit der Zwiebeln blüht. Sie hat ihren Namen nach ihren glockigen purpurroten Blüten, die schachbrettartig gefleckt sind.

Tiere: Für die Vögel ist die Wedeler Marsch ein kleines Paradies. Insgesamt sind wohl an die 220 Vogelarten in der Wedeler Marsch beobachtet worden, 50 bis 60 rasten hier.

Die Tendenz ist leider abnehmend, eine Folge des Vogelsterbens. Pirol, Kormoran und Weißstorch suchen Nahrung; Austernfischer, Rotschenkel und Feldlerche brüten in der Zeit von April bis Juli. Im Winter rasten hier sibirische Schwäne und Gänse. Die Zugvögel fliehen übrigens nicht, wie lange angenommen wurde, vor der Kälte, sie ziehen fort, um Nahrung zu suchen. Im Sommer kann man Kiebitz, Feldlerche und Wiesenpieper beobachten.

Weitere Attraktionen: Die Informations- und Beobachtungsstation.

Informations- und Beobachtungsstation, Fährmannssand. Dienstag, Donnerstag, Sonnabend und Sonntag 9–17 Uhr. Anmeldung zu Führungen: 0 41 03/30 49.

Restaurants: Keine.

Wittmoor: Ringelnatter und Kreuzotter scheuen den Menschen

Am Rande Hamburgs ist dies die letzte Moorfläche, durch die Sie auf Wanderwegen nahezu ungehindert spazieren können.

Lage: Beiderseits der nördlichen Grenze Hamburgs zu Schleswig-Holstein. Östlich der Segeberger Chaussee, westlich der Lemsahler Landstraße. Nicht leicht zu erreichen.

Fahrrad-Anreise: Vom S-Bahnhof Poppenbüttel Heegbarg bis zur Kreuzung Saseler Damm. Den Saseler Damm links bis Poppenbütteler Weg. Den Poppenbütteler Weg rechts hoch und über Poppenbütteler Hauptstraße, An der Alsterschleife und Lemsahler Landstraße bis zur Kreuzung Eichelhäherkamp. Dort links einbiegen bis Am Moor. Dort rechts hoch.

Bus-/Bahn-Anreise: Keine gute Verbindung.

Auto-Anreise: Über die B 432, die Segeberger Chaussee, in den Brunsteenredder abbiegen zum kleinen Parkplatz Wittmoorredder. Oder

Das Moor kommt zurück, die Birken gehen

über die Lemsahler Landstraße, Fiersbarg abbiegen bis zum winzigen Waldparkplatz am Ende der Straße.

Hintergrund: Das Wittmoor besteht aus einem Hamburger und einem schleswig-holsteinischen Teil. Zusammen sind es etwa 330 ha Naturschutzgebiet. Hier fallen der Lärm der Großstadt und ihre Betriebsamkeit von einem ab. Es ist, als wäre man in eine frühere Welt zurückversetzt.

Vor 15 000 Jahren bildete sich im heutigen Wittmoor ein bananenförmig gebogenes Tal. Birken-Bruchwälder entstanden und lösten die eiszeitlichen baumlosen Tundraheiden ab. Auch Weiden und Erlen entwickelten sich. Das Wasser staute sich in den feuchten Bruchwäldern. Pflanzenreste und Laub wurden nicht mehr vollständig zersetzt. Torfböden entstanden. Torfmoose verdrängten die Bäume. Es bildete sich ein Moor.

In 8000 Jahren entwickelte sich eine Mooroberfläche, die in nur 60 Jahren menschlicher Moorausbeutung zerstört wurde. Die Entwässerung des Moores hatte weitreichende Folgen: Torfmoose, Glockenheide und Wollgräser verschwanden, statt dessen wuchsen Birken und Pfeifengras. Das trockengelegte Moor brannte in den siebziger Jahren unseres Jahrhunderts mehrfach. Pflanzen und Tiere starben. Erst Ende der siebziger Jahre wurden die Entwässerungsgräben der Moorfläche wieder geschlossen. Zwei Hochmoorseen entstanden. Hier können Sie heute beobachten, wie Birken, die noch im Wasser stehen, langsam absterben und dem ursprünglichen Moor wieder Platz machen. Pflanzen und Tiere des Moores können sich seitdem wieder ausbreiten.

Wegenetz: Im Gegensatz zum Duvenstedter Brook (s. S. 22) können Sie hier auf zahlreichen Wegen weitgehend ungehindert spazierengehen.

Pflanzen: Typische Moorpflanzen, die seit der Moorregenerierung wieder eine Chance im Wittmoor haben, sind Glockenheide und Wollgras, Besenheide, Rosmarinheide und die Moosbeere. Auch eine fleischfressende Pflanze, der Sonnentau, lebt und gedeiht im Hochmoor. Er fängt und verdaut kleine Insekten und erhält durch die tierischen Eiweiße Stickstoff. So gleicht die Pflanze den auf der Hochmooroberfläche herrschenden Stickstoffmangel für sich aus.

Tiere: Sie müssen schon sehr viel Geduld mitbringen, wenn sie im Wittmoor Schlangen beobachten wollen. Und Sie müssen sich ruhig verhalten, denn Kreuzotter und Ringelnatter scheuen den Menschen. Die Schlangen überwintern ebenso wie Frösche und Eidechsen im Torf. Bei entsprechend hohen Temperaturen können Sie sie mit etwas Glück schon im Februar oder März beobachten.

Nattern sind Wasserschlangen. Im Gegensatz zu den gefährlichen Giftnattern, die im Wittmoor nicht vorkommen, sind Ringelnattern harmlos. Die schwarzblauen Ringelnattern leben von Fröschen und Fischen. Die graubraunen Kreuzottern, die auch gelegentlich im Moor zu beobachten sind, sind allerdings giftig. Sie werden bis zu 70 cm lang und fressen unter anderem Mäuse. Wenn die Kreuzottern nicht gereizt werden, beißen sie nicht und verschwinden von selbst. Ringelnatter und Kreuzotter sind geschützt, es ist verboten, sie zu jagen oder zu töten!

Während der Zugzeiten können Sie auch Waldschnepfe, Bruch- und Waldwasserläufer beobachten. Ansonsten jagen hier Habicht und Falke. Im Moor, in den ausgetrockneten Bereichen, brüten Stock- und Krickente, Fitislaubsänger, Baumpieper und Goldammer.

Auch Insekten ziehen sich ins Moor zurück. Besonders wärmebedürftige Arten leben hier, denn das Wittmoor ist als eine typisch norddeutsche Hochmoorebene weitgehend baumfrei. Und so strahlt die Sonne ungehindert, und die Luft über dem Moor kann sich erwärmen. Im Juni und Juli können Sie hier farbenprächtige Libellen und Falter beobachten.

Auch der Neuntöter, eine vom Aussterben bedrohte Vogelart, lebt im Wittmoor. Man erkennt ihn vor allem an seinem auffällig schwarzen Augenstreif. Sein grauer Oberkopf und Nacken setzen sich deutlich von den rostroten Rücken- und Flügelpartien ab. Den grausamen Namen Neuntöter und auch weitere Namen wie Dorndreher und Würgeengel hat der kleine Vogel aufgrund seiner Jagdgewohnheiten. Er erbeutet kleine Vögel, Mäuse oder Insekten und spießt sie als Nahrungsvorrat auf Dornen auf.

Weitere Attraktionen: Keine.

Restaurants: Wenige Autominuten entfernt ist das Gasthaus Offen, das für eine gute Küche und freundliche Bedienung bekannt ist.

Gasthaus Offen, Lehmsahler Dorfstraße 39, 22397 Hamburg, ☎ 6 08 38 35. Montag, Dienstag, Donnerstag, Freitag ab 16 Uhr, Sonnabend und Sonntag ab 11.30 Uhr, Mittwoch Ruhetag.

Wohldorfer Wald: Hamburgs größter Laubwald

Dieser von Bächen durchzogene, hügelige Wald ist eines der ältesten Forstreviere Hamburgs. Seit 1770 ist er offizielles Erholungsgebiet.

Lage: Im Norden von Hamburg, in Wohldorf-Ohlstedt.

Fahrrad-Anreise: Alsterwanderweg (s. S. 65) bis zur Wohldorfer Schleuse. Dann rechts über den Schleusenredder in den Wald.

Bus-/Bahn-Anreise: Mit der U1 bis Ohlstedt. Von dort gehen Sie rechts die Alte Dorfstraße zum Melhopweg, an dessen Ende der Wald beginnt. Oder mit dem Bus Linie 276 bis zur Haltestelle Wohldorf. Von dort über den Schleusenredder in den Wald.
HVV-Info: ☎ 1 94 49

Auto-Anreise: Poppenbütteler Chaussee, Duvenstedter Damm, Schleusenredder, Alsterblick, Mühlenredder bis zum Parkplatz. Oder: Wohldorfer Damm, Bredenbekstraße, Mühlenredder.

Hintergrund: Der östliche Teil des Wohldorfer Waldes mit einer Fläche von 135 ha steht heute unter Naturschutz. Wie auch im Duvenstedter Brook (s. S. 22) durften die Bauern hier früher ihr Vieh im Wald weiden lassen. Die Folge war ein Rückgang des Waldes. Um dem entgegenzuwirken, wurde es jungverheirateten Dorfbewohnern bis 1830 zur Pflicht gemacht, Buchen und Eichen zu pflanzen und sie drei Jahre lang zu pflegen.

Wegenetz: Wanderer finden ein Wegenetz von 35 km Länge vor. Für Reiter stehen im Wohldorfer Wald etwa 6 km Reitwege zur Verfügung.

Pflanzen: Der Wohldorfer Wald ist mit einer Fläche von ca. 400 ha der größte zusammenhängende Laubmischwald Hamburgs. Über 200 Jahre alte Eichen und Buchen stehen hier, ebenso Eschen und Ahorne, Birken und Erlen. Aber auch Nadelbäume wie Fichten, Sitkafichten, Küstentannen, Douglasien, Waldkiefern, Schwarzkiefern und Japanische Lärchen sind im Wohldorfer Wald zu finden.
Die zahlreichen Fichten und die Japanischen Lärchen sind aus wirtschaftlichen Gründen gepflanzt worden. Man wollte schnelle Holzerträge. Da sie aber im Wohldorfer Wald standortfremd sind, plant die Umweltbehörde eine Umwandlung: erst in laubholzreiche Mischbestände, später in standortgerechten Laubwald wie etwa Buchenwald.

Auch seltene Pflanzenarten sind hier zu finden, zum Beispiel Orchideen wie das breitblättrige und das gefleckte Knabenkraut, die Einbeere und der Sumpffarn. Besonders schön ist der Buchenwald im März/April, wenn die ersten früh blühenden Waldblumen sich ihren Weg durch das braune Laub suchen. Aber auch Anfang Mai, wenn die zarten, grünen Blättchen aus den Knospen brechen, oder im Hochsommer, wenn die mächtigen Bäume den ersehnten Schatten spenden, lohnt sich ein Besuch.

Tiere: Über 50 Prozent aller Waldtiere leben direkt oder indirekt von totem Holz. Deshalb wird Totholz nicht weggeräumt. Tiere, die abgestorbene Bäume als Nahrungsquelle und als Brutstätte brauchen, sind: Specht, Grünspecht, Buntspecht, Kleinspecht, Meise, Baumläufer, Kleiber, Wildbiene, Hirschkäfer, Bockkäfer und Schnecke.

Neben den Altholzinseln sorgen viele Bäche und feuchte Senken für einen naturnahen Zustand des Wohldorfer Waldes. Mit etwas Glück können Sie seltene Tierarten beobachten, wie den Baumfalken, den Eisvogel und die Waldschnepfe. Der Uhu ist sporadisch gesichtet worden. Er startet auch schon Brutversuche im Wohldorfer Wald.

Weitere Attraktionen: Im Norden liegt eine architektonische Sehenswürdigkeit: das Herrenhaus. Es ist ein mit Wassergräben umgebener Fachwerkbau von 1712. Sie erreichen ihn mit Auto oder Fahrrad über Poppenbütteler Chaussee, Duvenstedter Damm, Duvenstedter Triftweg, Herrenhausallee. Das Herrenhaus war ehemals Sitz der Hamburgischen Waldherrenschaft, später Gästehaus und Sommersitz des Senats.

Im Süden, kurz bevor der Melhopweg in den Mühlenredder führt, ist ein Waldspielplatz mit Holzlokomotive, Ritterburg und Kletterbäumen.

Restaurants: In der Nähe des Herrenhauses können Sie in der Wohldorfer Mühle einkehren.

Wohldorfer Mühle, Mühlenredder 38, 22397 Hamburg, ☎ 60 76 65-0. Dienstag bis Sonntag 12–22 Uhr, montags Ruhetag.

Fachwerkbau von 1712: Wohldorfer Herrenhaus

Seen, Flüsse und Kanäle: Venedig des Nordens

Alsterwanderweg: Am Wasser radeln

Der Alsterlauf ist Landschaftsschutzgebiet. Nicht zuletzt wegen seiner Bruch- und Auwälder ist er ein beliebtes Ausflugsziel. Spaziergänger, Ruderer und vor allem Radfahrer folgen dem Lauf des Flusses.

Lage: Die Alster fließt von ihrer Quelle in Henstedt-Rhen, nordwestlich von Hamburg, durch Schleswig-Holstein und Hamburg bis zur Binnenalster.

Fahrrad-Anreise: Mit der Bahn oder auf Radwegen zur jeweiligen Bahnstation. Natürlich können Sie Ihre Tour auch an der Binnenalster am Jungfernstieg beginnen und dann über den Neuen Jungfernstieg zur Außenalster radeln. An der Außenalster geht es dann am Alsterufer und am Harvestehuder Weg bis zur Krugkoppel. Von dort können Sie dann über Leinpfad, Winterhuder Kai, Bebelallee, Rathenaustraße und im Grünen Grunde bis nach Klein Borstel fahren. Aber der eigentliche Alsterwanderweg mit seinem üppigen Grün beginnt erst in Klein Borstel.

Bus/Bahn-Anreise: Mit der U1 bis Klein Borstel (Strecke 1). Oder mit der S1/S11 bis Poppenbüttel (Strecke 2).
HVV-Info: ☎ 1 94 49

Auto-Anreise: Über die Alsterdorfer Straße oder Fühlsbüttler Straße zum Parkplatz an der Wellingsbütteler Landstraße (Strecke 1). Oder bis zum Parkplatz Alstereinkaufszentrum (AEZ) in Poppenbüttel (Strecke 2).

Hintergrund: Die Alster hat von der Quelle im Henstedter Moor bis zu Außen- und Binnenalster in der Innenstadt eine Länge von 52 Kilometern. Die seenartigen Gewässer Außen- und Binnenalster wurden im 13. Jahrhundert künstlich angestaut.

Wegenetz/Strecke: Über Stock und Stein immer an der Alster entlang. Da sicher nur wenige den ganzen Weg von der Binnenalster bis zur Quelle im Henstedter Moor zurücklegen wollen, schlage ich zwei Abschnitte vor:

1.) Von Klein Borstel bis Poppenbüttel,
2.) von Poppenbüttel bis Ohlstedt.

Von Klein Borstel bis Poppenbüttel

Der Weg dauert etwa 45 Minuten. (Autofahrer brauchen die doppelte Zeit, weil sie zum Parkplatz zurückmüssen.) Er führt zunächst am Teetzpark vorbei und dann nach Wellingsbüttel zum Torhaus, in dem der Bürgerverein Wellingsbüttel und das Alstertal Museum untergebracht sind.

Weiter geht es bis zur Poppenbütteler Schleuse. Von dort fahren Sie ein Stück zurück bis zum Saseler Damm und über Saseler Damm und Heegbarg zur S-Bahn-Station Poppenbüttel. Natürlich können Sie die ganze Strecke auch erwandern. Rechnen Sie dann mit einer Wegezeit von 3 Stunden.

Pflanzen: Es erwarten Sie Bruch- und Auwaldreste. Von einem Bruchwald spricht man, wenn das Grundwasser dauernd nahe an der Oberfläche steht. Bruchwälder sind im Frühjahr meist nur kurzfristig überschwemmt. Dagegen ist der Talboden eines Auwaldes bei Hochwasser überflutet. In den Bruch- und Auwaldresten des Alsterwanderweges wachsen Pflanzen wie das von April bis Mai blühende Bittere Schaumkraut und die von Mai bis Juli blühende Sumpfschwertlilie. Das Bittere Schaumkraut liebt nasse Böden. Die seltene Pflanze wird 5 bis 30 cm groß, hat weiße Blüten mit violetten Staubblättern, einen markigen fünfkantigen Stengel und gefiederte oder schrotsägeförmige Blätter. Die Sumpfschwertlilie oder Wasserlilie wächst im Röhricht stehender oder fließender Gewässer, auch im Riedgras. Sie liebt, wenigstens gelegentlich, überschwemmte Böden und wird 60 bis 100 cm hoch. Ihre Blütenblätter sind gelb.

Ehemals artenreiche Wiesen dienen heute – zum Bedauern der Botaniker und zur Freude der Kinder – als Freizeitrasen.

Tiere: Wenn Sie sich Zeit nehmen, können Sie Kanadagänse, Graureiher, Bunt- und Schwarzspechte, Kleiber und Zaunkönige beobachten. Sogar ein Eisvogel wurde schon gesichtet.

Über Stock und Stein entlang der Alster

… im Wald »die Seele baumeln lassen« (Tucholsky)

Weitere Attraktionen: Im Torhaus in Wellingsbüttel sind das Alstertal Museum und der Alsterverein untergebracht. Der Alsterverein wurde 1900 gegründet und setzte sich für die Schaffung des heutigen Alsterwanderweges ein. Er veranstaltet heimatkundliche Vorträge und plattdeutsche Nachmittage, organisiert Wanderungen und Studienfahrten. Das Heimatmuseum zeigt anhand von Fotos, Texttafeln, Geräten, Bildern und Karten die Geschichte des Alstertals. Brautpaare können sich im Torhaus ganzjährig trauen lassen. Informationen gibt das Bezirksamt Wandsbek: ☎ 68 89-0.

Torhaus Wellingsbüttel, Alsterverein, Wellingsbütteler Weg 75a, 22391 Hamburg, ☎ 5 36 12 70. Sonnabend und Sonntag 11–13 + 15–17 Uhr. Veranstaltungen bitte telefonisch erfragen.

Restaurants: An der Poppenbütteler Schleuse ist ein rustikales und gemütliches Restaurant.

Poppenbütteler Schleuse, »The Locks«, Marienhof 6, 22399 Hamburg, ☎ 6 11 66 00. Montag bis Sonnabend 12–1 Uhr, sonntags 11–1 Uhr.

Von Poppenbüttel bis Ohlstedt

Der Weg dauert etwa eine Stunde. (Autofahrer brauchen die doppelte Zeit, weil sie zum Parkplatz zurückmüssen.) Über Heegbarg und Saseler Damm gelangen Sie zur Poppenbütteler Schleuse. Dort ist ein Fahrrad- und Bootsverleih.

✉ Uwe Dienemann, Boots- und Fahrradvermietung, Marienhof 4, 22399 Hamburg, ☎ 6 06 66 77.

Die Strecke führt zunächst bis zum Hennebergpark. Dann geht es vorbei am Hohenbuchenpark bis zur Mellingburger Schleuse, wo sich das gleichnamige Restaurant befindet. Von hier können Sie einen Abstecher ins Naturschutzgebiet Hainesch-Iland (s. S. 32) machen. Ansonsten geht es weiter bis zum Rodenbeker Quellental (s. S. 38) und durch das Quellental hindurch. Fahren Sie dann weiter bis zur Wohldorfer Schleuse. Über Schleusenredder, Alsterblick, Bredenbekstraße und Timms Hege gelangen Sie zum Bahnhof Ohlstedt. Natürlich können Sie die ganze Strecke auch zu Fuß gehen. Rechnen Sie dann mit einer Wegezeit von 4 Stunden.

Pflanzen: Auf den Feuchtwiesen wachsen Sumpfzypressen und Sumpfdotterblumen, Wildtulpen beim Park Hochenbuchen. Die von März bis Juni blühende Sumpfdotterblume erreicht eine Höhe von 15 bis 50 cm. Ihre fettig glänzenden Blüten bestehen aus fünf bis zu 4 cm großen gelben Kelchblättern. Ihre Blätter sind nierenförmig und glänzend.

Tiere: Von der Westseite der Mellingburger Alsterschleife können Sie am Steilhang auf Brachflächen sehen. Sie sind Rückzugsgebiet seltener Vogelarten und werden vom Vogelschutzbund betreut. Im Naturschutzgebiet Rodenbeker Quellental leben: Flußmuscheln und Flußkrebse; Vögel wie die Gebirgsstelze; Insekten wie die blauflügelige Prachtlibelle, das Tagpfauenauge und der Distelfalter; Fische wie Gründling, Hecht und Flußbarsch; außerdem in den Teichen Frösche, Molche und Kröten.

Weitere Attraktionen: Im Hennebergpark steht die 1884 erbaute Burg Henneberg. Mit Turm und Zinnen ähnelt sie dem Hennebergschen Stammsitz südwestlich von Meiningen (Thüringen).

Restaurants: An der Poppenbütteler Schleuse und an der Mellingburger Schleuse sind Restaurants.

Poppenbütteler Schleuse, »The Locks«, Marienhof 6, 22399 Hamburg, ☎ 6 11 66 00. Montag bis Sonnabend 12–1 Uhr, Sonntag 11–1 Uhr.

Mellingburger Schleuse, Mellingburgredder 1, 22395 Hamburg, ☎ 6 02 40 01. Mittwoch bis Montag 12–22 Uhr, Dienstag Ruhetag.

Bootstouren und Bootsverleihe: Das Venedig des Nordens

Bootstouren

Wer Hamburg noch nie vom Wasser aus gesehen hat, der kennt Hamburg nicht wirklich. Seine Wasserstraßen mit einer Gesamtlänge von rund 130 km geben der Großstadt zu Recht den Namen »Venedig des Nordens«.

Bootstouren führen Sie von den Landungsbrücken mit der HADAG durch den Hafen. Am Anleger Vorsetzen startet die Alternative Hafenrundfahrt, die besonders die umweltpolitischen Probleme des Hafens beleuchtet. Ob traditionell oder alternativ, den Hamburger Hafen mit seiner Gesamtfläche von 75 km^2 sollte man sich unbedingt ansehen.

Ein weiteres Muß für Hamburger und Hamburg-Besucher ist eine Fahrt mit einem Alsterdampfer. Die ATG-Alstertouristik bietet Fahrten auf der Alster, den Kanälen, den Teichen und auf der Elbe an. Hein Mehrkens schippert Sie auf seiner Barkasse »Plummslucker« nach Buxtehude. Und der legendäre Raddampfer »Kaiser Wilhelm« bringt Sie von Lauenburg nach Bleckede.

Rudern auf Hamburgs Wasserstraße Nr. 1: die Alster

HADAG

Es ist schon ein Erlebnis, mit einer HADAG-Barkasse an den großen Pötten im Hafen entlangzufahren.

HADAG, St. Pauli Fischmarkt 28, 20359 Hamburg, ☎ 31 17 07-0.

Fahrrad-Anreise: Zum Beispiel vom Bahnhof Dammtor (S11/S21/S31) oder Bahnhof Stephansplatz (U1) durch Planten un Blomen und die Großen Wallanlagen, vorbei am Elbpark zu den Landungsbrücken.

Bus-/Bahn-Anreise: Mit der S1 oder U3 zur Haltestelle Landungsbrücken.
HVV-Info: ☎ 1 94 49

Auto-Anreise: (Nicht zu empfehlen) über die Helgoländer Allee zu einem der vielgenutzten Parkplätze an den Landungsbrücken.

Die Barkassenführer sind stets gut informiert, sie wissen nicht nur, welche Schiffe derzeit im Hafen liegen, sondern können auch Hintergründiges berichten. Aber Vorsicht, *he lücht!* Oder auf hochdeutsch – etwas härter – er lügt! Man muß nicht alles glauben, was einem da *vertellt*, erzählt, wird. Motto der wortgewandten Hafenführer: Hauptsache, die Geschichte ist gut. Ob sie stimmt, ist Nebensache. An den Landungsbrücken hört man sie zuerst, bevor man sie sieht, denn lautstark werben sie mit Hamburger Humor um Fahrgäste: »Stttuuuuu-dentenpreise!«

Sehenswert sind außerdem: der alte Elbtunnel; die Wandgemälde der ehemals besetzten Hafenstraßenhäuser; der seit 1703 stattfindende Fischmarkt (Sommer: sonntags ab 5 Uhr, Winter: sonntags ab 7 Uhr); der Museumshafen Övelgönne, in dem historische Elbschiffe liegen; die Speicherstadt mit ihren markanten roten Backsteinbauten und ihren malerischen Giebeln und Türmen und natürlich die 688 m langen Landungsbrücken. Ein Pegel am Uhrturm zeigt den aktuellen Wasserstand der Elbe an.

Alternative Hafenrundfahrt

Die Alternative Hafenrundfahrt ist eine ideale Ergänzung zur traditionellen Hafenrundfahrt.

Alternative Hafenrundfahrt, Anleger Vorsetzen (zwischen U-Bahnhof Baumwall und Überseebrücke), Sondertermine für Gruppen auf telefonische Anfrage, Förderkreis »Rettet die Elbe« e. V., Dreikatendeich 44, 21129 Hamburg (Altenwerder), ☎ 39 30 01, Donnerstag 17–19 Uhr.

Fahrrad-Anreise: Zum Beispiel vom Bahnhof Dammtor (S11/S21/S31) oder Bahnhof Stephansplatz (U1) durch Planten un Blomen und die Großen Wallanlagen, vorbei am Elbpark, dann an der Elbe entlang zum Baumwall.

Bus-/Bahn-Anreise: U3 bis Bahnhof Baumwall.
HVV-Info: ☎ 1 94 49

Auto-Anreise: (Nicht zu empfehlen) über Ost-West-Straße, Rödingsmarkt zu einem der vielgenutzten Parkplätze am Baumwall.

Auf der Fahrt erfahren Sie unter anderem, wie Hafen- und Industriebetriebe Abwässer einleiten, Landschaft versiegeln und welche Folgen diese Belastungen für Menschen, Tiere und Pflanzen haben. Von April bis September beginnt die eineinhalbstündige Tour jeden Freitag um 17 Uhr am Anleger Vorsetzen.

ATG-Alstertouristik

So lernen Sie Hamburgs grüne Seiten vom Wasser aus kennen.

ATG-Alstertouristik GmbH, Anleger Jungfernstieg, 20095 Hamburg, ☎ 3 57 42 40.

Fahrrad-Anreise: Zum Beispiel über Ballindamm oder Neuen Jungfernstieg zum Jungfernstieg.

Bus-/Bahn-Anreise: Mit der U1, U2, S1 oder S3 zur Haltestelle Jungfernstieg.
HVV-Info: ☎ 1 94 49

Auto-Anreise: Es ist dringend davon abzuraten, mit dem Auto in die Hamburger Innenstadt zu fahren.

Vom Anleger Jungfernstieg können Sie im Sommerhalbjahr mit der ATG-Alstertouristik GmbH eine **Alster-Rundfahrt** auf der Binnen- und Außenalster machen. Für Fortgeschrittene bieten sich **Fleetfahrten** an, die durch die Rathaus- und Schaartorschleuse bis zur Hafenelbe führen.

Auf den **Kanalfahrten** lernen Sie Hamburger Wohngebiete vom Wasser aus kennen. Oft eine etwas intimere Perspektive. Wenn Sie unter die Teichpiraten gehen wollen, bietet sich eine **Teichfahrt** über den Kuhmühlenteich, den Feenteich, den Stadtparksee und den Rondeelteich an.

Vierlande-Fahrten führen gemächlich über die Dove-Elbe in die Marsch- und Vierlande (s. S. 187). Romantisch ist der **Dämmertörn**, der um 20 Uhr beginnt. Wollen Sie keine Rundfahrt machen, sondern auf Ihrer Tour durch die Stadt nur ein kleines Stück auf dem Wasser zurücklegen, dann können Sie an einem der neun Anleger der **Alster-Kreuzfahrt** an Bord gehen und an einem beliebigen anderen das Schiff wieder verlassen. Die neun Anleger sind: 1. Jungfernstieg, 2. Hotel Atlantic, 3. Rabenstraße, 4. Uhlenhorster Fährhaus, 5. Fährdamm, 6. Mühlenkamp, 7. Krugkoppelbrücke, 8. Streekbrücke, 9. Winterhuder Fährhaus.

Mit etwa 50 Minuten ist die Alster-Rundfahrt das kürzeste Vergnügen. Der Dämmertörn, die Fleet- und die Kanalfahrt dauern rund 2, die Teichfahrt 3 Stunden. Für die Vierlande-Fahrt müssen sie 3 oder 6 Stunden einkalkulieren, je nachdem, ob Sie die einfache Fahrt oder die Hin- und Rückfahrt machen. Alsterbarkassen können auch für Hochzeiten, Firmenfeiern oder andere Festivitäten gechartert werden.

Hein Mehrkens

Eine romantische Fahrt auf dem Wasser nach Buxtehude, von wo es mit der Pferdekutsche zurückgeht.

Hein Mehrkens, Barkasse MS Plummslucker, Obstmarschenweg 13, 21635 Jork-Königreich, ☎ 0 41 62/ 91 17 21.

Fahrrad-Anreise: Vom S-Bahnhof Blankenese über Blankeneser Bahnhofstraße, Baursweg, Strandweg zum Blankeneser Fähranleger.

Bus-/Bahn-Anreise: Mit der S1 oder S11 nach Blankenese.
HVV-Info: ☎ 1 94 49

Auto-Anreise: Über die Elbchaussee nach Blankenese.

Von Blankenese über Cranz nach Buxtehude fährt Sie Hein Mehrkens mit der Barkasse MS »Plummslucker«. Er war Kapitän auf Großer Fahrt. Heute arbeitet er als Hafenlotse und wohnt im Alten Land. Die Hafenlotsen aus dem Alten Land werden wegen ihrer Obstgärten von ihren Kollegen Pflaumenschlucker genannt. Auf plattdeutsch: »Plummslucker«. Das hat Hein Mehrkens so gut gefallen, daß er seine Barkasse »Plummslucker« taufte.

Es werden jedes Jahr zu festen Terminen einige Touren mit Stadtrundfahrt in Buxtehude und Rückfahrt mit der Kutsche angeboten. Aber die »Plummslucker« kann auch gechartert werden. Näheres erfragen Sie bitte telefonisch.

Raddampfer »Kaiser Wilhelm«

Er tuckert dampfend und tutend **von Lauenburg nach Bleckede** und macht die Elbe zum Mississippi. Kein Wunder, daß selbst ältere Herren hier zu Tom Sawyers und Huckleberry Finns werden.

»Kaiser Wilhelm«: Verkehrsamt Lauenburg, 21481 Lauenburg, ☎ 0 41 53/59 09 81.

Fahrrad-Anreise: Mit der S2 nach Bergedorf, von dort mit dem Bus 231 nach Lauenburg. Ihr Fahrrad dürfen Sie nicht nur in der S-Bahn, sondern auch im Bus transportieren. In Lauenburg radeln Sie den Hang hinab zum Elbanleger.

Bus-/Bahn-Anreise: Mit der S2 nach Bergedorf, von dort mit dem Bus 231 nach Lauenburg. Dort gehen Sie den Hang hinab zum Anleger. HVV-Info: ☎ 1 94 49

Auto-Anreise: Die B5 oder die B209 nach Lauenburg.

Der Raddampfer »Kaiser Wilhelm« ist zwar keine Hamburger Institution, soll aber aufgrund seiner Einmaligkeit hier nicht fehlen. *Der* »Kaiser Wilhelm«, Binnenschiffe sind nicht grundsätzlich weiblich wie Seeschiffe, sondern erhalten ihr Geschlecht nach ihrem Namen, *der* »Kaiser Wilhelm« ist mit seinen rund 100 Jahren der älteste noch fahrende Raddampfer Deutschlands.

Ein Seitenraddampfer wie der »Kaiser Wilhelm« ist nicht so manövrierfähig wie ein Schraubenschiff, und vielleicht macht gerade das seinen Reiz aus. Raddampfer stehen für Nostalgie und Muße. The legend lives.

Woher hat »Kaiser Wilhelm« seinen Namen? Der Raddampfer wurde 1900 gebaut. Senator Meier-Hermann, Begründer der Oberweserdampfschiffahrt, taufte das Schiff auf den Namen »Kaiser Wilhelm«. Der sparsame Kaufmann soll auf die Frage, welcher Wilhelm denn gemeint sei, geantwortet haben: »Die heißen sowieso alle Wilhelm, da sparen wir die Zahlen. Der Raddampfer wird alle überleben.« Er sollte recht behalten.

Die Fahrgäste können dem Kapitän über die Schulter sehen, wie er im Ruderhaus mit den drei Kommandoelementen Steuerrad, Sprachrohr und Maschinentelegraph das behäbige Schiff führt. Über das Sprachrohr gibt er Kommandos in den Maschinenraum. Die Maschinisten und Maschinistinnen antworten über den Maschinentelegraphen. Die Mannschaft arbeitet ehrenamtlich ohne Heuer. Sie gehören zum Verein zur Förderung des Lauenburgischen Elbschiffahrtsmuseums.

Der »Kaiser Wilhelm« fährt von Mai bis September. Die Nachfrage ist groß, Gruppen müssen sich anmelden. Nähere Informationen gibt das Verkehrsamt Lauenburg.

Bootsverleihe

Individualisten erkunden Hamburgs zweites Wegenetz auf eigene Faust. Ob per pedes im Tretboot, auf dem Segelschiff den Winden trotzend, wie ein Eskimo im Kajak oder im Kanu wie Trapper Sam und Indianer Joe; ob auf der Alster, dem Alsterlauf, der Bille, Elbe oder den Kanälen: Saison ist in der Regel von April bis Oktober. In den Ferien, am Wochenende und bei schönem Wetter ist es ratsam, ein Boot zu reservieren.

Regeln: Laut Hafenverkehrsordnung gilt rechts vor links. Alsterdampfer und große Pötte haben immer Vorfahrt. Es hätte auch keinen Sinn, wenn ein behäbiger Containerfrachter auf der Elbe einem wendigen Segelschiff ausweichen müßte. Bis das Ruder greift und das Wendemanöver beginnt, wäre der Segler vermutlich schon gekentert. Zum Segeln brauchen Sie einen Segelschein. Ruderboote, Tretboote, Kanus und Kajaks können normalerweise gegen Vorlage des Personalausweises ausgeliehen werden. Defensives Segeln ist nicht nur Gebot der Fairneß, sondern auch eine Herausforderung an die Geschicklichkeit.

Außenalster

Harvestehude

Bodos Bootssteg, Harvesterhuder Weg 1b, 20148 Hamburg, ☎ 44 06 54. Ruderboote, Tretboote, Segelboote. Montag bis Freitag 11–22 Uhr, Sonnabend und Sonntag 10–22 Uhr.

St. Georg

Kapitän Hans Pieper & Sohn, An der Alster/Atlanticsteg, 20099 Hamburg, ☎ 24 75 78. Ruderboote, Tretboote, Segelboote. Montag bis Sonntag 10–21 Uhr.

Alfred Seebeck, An der Alster 67a, 20099 Hamburg, ☎ 24 76 52. Ruderboote, Tretboote, Segelboote. Montag bis Sonntag 10–20 Uhr.

Uhlenhorst
Verleih am Café-Hansa-Steg, Schöne Aussicht 20a, 22085 Hamburg, ☎ 2 20 00 30. Ruder- und Tretboote. Montag bis Sonntag 11–20 Uhr.

Winterhude
Bobby Reich, Krugkoppelbrücke, 22301 Hamburg, ☎ 48 78 24. Ruderboote, Segelboote. Montag bis Sonntag ab 9 Uhr.

Alsterlauf

Alsterdorf
Wüstenberg, Deelbögenkamp 2–3, 22297 Hamburg, ☎ 51 77 01. Ruderboote, Tretboote, Kanus. Montag bis Freitag 10–20 Uhr, Sonnabend und Sonntag 9–20 Uhr.

Eppendorf
Bootshaus Silwar, Eppendorfer Landstraße 148b, 20251 Hamburg, ☎ 47 62 07. Ruderboote, Tretboote, Kajaks, Kanus, Katamaran. Montag bis Sonntag ab 10 Uhr.

Fuhlsbüttel
Bootshaus Töns, Ratsmühlendamm 2, 22303 Hamburg, ☎ 59 94 98. Tretboote, Ruderboote, Kanus. Montag bis Sonntag 9–20 Uhr.

Poppenbütteler Schleuse
Bootshaus Marienhof, Marienhof 4, 22399 Hamburg, ☎ 6 06 66 77. Kanus, Kajaks. Dienstag bis Sonntag 10–20 Uhr.

Kanäle

Isebekkanal/Eppendorf

Dornheim, Isekai 1, 20249 Hamburg, ☎ 2 79 41 84. Ruderboote, Kanus, Kajaks, Tretboote. Montag bis Freitag 9–22 Uhr, Sonnabend 10–23 Uhr, Sonntag 10–22 Uhr.

Osterbekkanal/Winterhude

Dornheim Bootswerft, Kämmererufer 25, 22303 Hamburg, ☎ 2 79 41 84. Ruderboote, Tretboote, Kanus, Kajaks. Montag bis Freitag 9–22 Uhr, Sonnabend 10–23 Uhr, Sonntag 10–22 Uhr.

Bille

Bergedorf

Bootshaus Bergedorf und Café Platsch, Schillerufer 41, 21209 Hamburg, ☎ 7 21 72 78 + 7 21 58 54. Kanus, Kajaks. Montag bis Sonntag 10–23 Uhr.

Gose-Elbe

Allermöhe

Paddel-Meier, Heinrich-Osterath-Straße 256, 21037 Hamburg, ☎ 7 37 22 70. Kanus, Kajaks. Montag bis Sonntag 10–18 Uhr.

Badeplätze: Pack die Badehose ein

Schwimmen unter freiem Himmel, Wasserrutschen, Liegewiesen und (im Kiwittsmoor) Quellen, aus denen das Wasser sprudelt – das alles ist ein Riesenspaß. Aber sind Naturbäder und Seen auch sauber? Sie sollten nicht in jedem See baden. Nur ausdrücklich als Badegewässer ausgewiesene Seen sind unbedenklich. Das Hamburger Gesundheits- und Umweltamt prüft regelmäßig die Qualität der Hamburger Badegewässer. Dabei wird nach Schadstoffen und Bakterien gesucht. Erfüllt ein Gewässer nicht die strengen Kriterien, wird ein Badeverbot ausgesprochen. Badegäste können mit dazu beitragen, Gewässer sauberzuhalten:

- Benutzen Sie die Toiletten!
- Nehmen Sie keine Haustiere mit an die Badestelle!
- Entlasten Sie die Klärwerke, indem Sie nur phosphatfreie Putz- und Waschmittel benutzen.

Geprüfte Naturbäder in Hamburg sind:

Duvenstedt

Sommerbad Duvenstedt, Puckafferweg 3, 22397 Hamburg, ☎ 6 07 02 88. Mai bis Oktober, Montag bis Sonntag 11–18 Uhr.

Lage: Im Norden Hamburgs.

Fahrrad-Anreise: Ab U-Bahnhof Ohlstedt (U1): Timms Hege, Bredenbekstraße, Alsterblick, Schleusenredder, Duvenstedter Damm, Pukkaffer Weg, wo gleich am Anfang das Naturbad ist.

Bus-/Bahn-Anreise: U1 bis Ohlstedt, dann Bus 276 bis Haltestelle Lohe.
HVV-Info: ☎ 1 94 49

Auto-Anreise: B434, Bergstedter Chaussee. Höhe Bergstedt Markt in den Wohldorfer Damm einbiegen, der sich in die Bredenbekstraße verlängert. Alsterblick, Duvenstedter Damm bis Puckaffer Weg, wo gleich am Anfang das Naturbad ist.

Kiwittsmoor

Sommerbad Kiwittsmoor, Hohe Liedt 9, 22417 Hamburg, ☎ 5 37 02 47. Mai bis September, Montag bis Sonntag 11–19 Uhr.

Lage: Im Nordwesten Hamburgs.

Fahrrad-Anreise: U1 bis Fuhlsbüttel Nord, dann Flughafenstraße, Moorreye zum Raakmoor.

Am Raakmoor entlang bis Hohe Liedt. Am Ende der Straße ist das Naturbad.

Bus-/Bahn-Anreise: U1 bis Kiwittsmoor.
HVV-Info: ☎ 1 94 49

Auto-Anreise: Alsterkrugchaussee, Langenhorner Chaussee. Neuberger Weg rechts, dann Fibigerstraße links bis zu den Park-+-Ride-Plätzen an der U-Bahn-Station Kiwittsmoor.

Ostende

Sommerbad Ostende, Tonndorfer Strand 37, 22045 Hamburg, ☎ 66 61 94, Mai bis September, Montag bis Sonntag 10–19 Uhr.

Lage: Im Osten Hamburgs.

Fahrrad-Anreise: Ab S-Bahnhof Friedrichsberg immer an der Wandse entlang Richtung Tonndorf; wenn der Weg die Nordmarkstraße kreuzt, fahren Sie rechts über die Brücke und biegen dann links in die Straße Tonndorfer Strand ein, wo das Schwimmbad ist.

Bus-/Bahn-Anreise: S4 bis Wandsbek-Ost (Tonndorf). Dann über Sonnenweg, Tonndorfer Strand zum Bad.
HVV-Info: ☎ 1 94 49

Auto-Anreise: Wandsbeker Zollstraße, Ahrensburger Straße. Noch vor der Stein-Hardenberg-Straße links abbiegen, Ostende, Tonndorfer Strand.

Stadtparksee

Stadtparksee, Südring 5b, 22303 Hamburg, ☎ 27 37 42, Mai bis September, Montag bis Sonntag 10–19 Uhr.

Lage: Im Stadtpark (s. S. 133), relativ zentral.

Fahrrad-Anreise: Zum Beispiel ab Außenalster: An der Alster, Schwanenwik, Schöne Aussicht, Fährhausstraße, Hofweg, Mühlenkamp, Goldbekufer, Wiesendamm, Wiesenstieg, Südring.

Bus-/Bahn-Anreise: U3 bis Saarlandstraße oder Borgweg. S1/S11 bis Alte Wöhr. Dann zu Fuß durch den Stadtpark.
HVV-Info: ☎ 1 94 49

Auto-Anreise: Ring 2, Jahnring, dann Saarlandstraße, Südring.

Cafés an der Alster: Mußestunden für Genießer

Zahlreiche Cafés bieten den Blick auf die Alster. Hier eine kleine, aber feine Auswahl:

Harvestehude: Fiedlers, Hofweg 103 (Ecke Mühlenkamp), 22774 Hamburg, ☎ 2 27 74 03. Täglich 11–24 Uhr oder länger.

Innenstadt: Café Wien, Binnenalster/Ballindamm, 20095 Hamburg, ☎ 33 63 42. Sommerhalbjahr, Montag bis Donnerstag 11–1 Uhr, Freitag bis Sonnabend 10.30–3.30 Uhr, Sonntag 10.30–1 Uhr; Winterhalbjahr, Montag bis Donnerstag 11.30–0.30 Uhr, Freitag 11.30–3 Uhr, Sonnabend 10.30–3 Uhr, Sonntag 10.30-0.30 Uhr (abends Cocktailbar).

Poppenbüttel: »The Locks«, Marienhof 6, 22399 Hamburg, ☎ 6 11 66 00. Montag bis Sonnabend 12–1 Uhr, Sonntag 11–1 Uhr.

Winterhude: Café Leinpfad, Bootsanleger Winterhuder Fährhaus, Leinpfad/Hudtwalckerstraße, 22299 Hamburg, ☎ 46 48 56. Täglich 10–24 Uhr.

Elbwanderweg: Auf dem Drahtesel die Gärten entlang

Herrschaftliche Villen, stilvolle Gärten und große Pötte auf dem Strom.

Lage: Am nördlichen Ufer der Elbe zwischen Övelgönne und Wittenbergen.

Fahrrad-Anreise: S1/S11/S2/S3/S31 bis Altona, dann Max-Brauer-Allee, Elbchaussee, Övelgönner Mühlenweg, Övelgönne.

Bus-/Bahn-Anreise: S1/S11/S2/S3/S31 bis Altona, dann Schnellbus 36 bis Hohenzollernring. Von dort runter zur Elbe. Oder den Bus 183 bis Neumühlen.
HVV-Info: ☎ 1 94 49

Auto-Anreise: Am Wochenende und an Feiertagen nicht zu empfehlen, da Parkplätze knapp sind. In der Woche fahren Sie auf der Elbchaussee bis Teufelsbrück. Dort können Sie parken und nach Blankenese oder Neumühlen wandern.

Hintergrund: Die Elbe ist nach dem Rhein der zweitgrößte deutsche Fluß. Sie fließt auf 793 km durch Deutschland. Von ihrer Quelle im Riesengebirge (Tschechische Republik) bis zu ihrer Mündung legt sie fast 1200 km zurück. Sie macht Hamburg zum »Tor zur Welt«.

Wegenetz/Strecke: Immer am Wasser entlang, Övelgönne, Elbuferweg, Strandweg, Falkensteiner Ufer, Wittenbergen. Etwa eine Stunde mit dem Fahrrad, vier Stunden zu Fuß.

Pflanzen: Wildtulpen blühen im Frühjahr an den Hängen. Verwilderte und gepflegte Gärten sind jeweils auf ihre Art sehenswert. Wenn Sie über die Hirschparktreppe oder den Mühlenberg einen Abstecher in den am Hochufer der Elbe gelegenen Hirschpark (s. S. 110) machen, erwarten Sie wunderschöner alter Baumbestand und die berühmte Lindenallee am Nordrand.

Tiere: Im Hirschpark können Sie Gänse, Enten, Pfauen und – natürlich – Damwild entdecken. Wenn Sie bis Wittenbergen fahren möchten, vergessen Sie Ihr Fernglas nicht. Von hier aus haben Sie einen ausgezeichneten Blick auf die einzigartige Vogelwelt von Neßsand: Schnepfenvögel, Sandregenpfeifer und Austernfischer.

Weitere Attraktionen: Im Övelgönner Museumshafen liegen historische Schiffe. In Blankenese können Sie das südliche Flair des Treppenviertels genießen.

Museumshafen Övelgönne, Övelgönne 42, Anleger Neumühlen, 22605 Hamburg, ☎ 6 43 28 82. Schiffsbesichtigung nur am Wochenende auf Anfrage.

Restaurants: Die ganze Strecke lang finden Sie zahlreiche Cafés für eine Rast. Hier nur eine kleine Auswahl. Die Strandperle ist ein beliebter Treffpunkt, aber nicht jedermanns Sache. Sie liegt direkt am Övelgönner Elbstrand. Man holt sich Getränke und Speisen am Tresen ab, setzt sich in den Sand und schaut auf die Elbe. Im Winter ist geschlossen. Wer auf der Terrasse am Tisch sitzen möchte und bedient werden will, geht ins Strandcafé. Ebenfalls mit Elbblick ist am Museumshafen das Fischrestaurant Hoppe.

Eine besondere Attraktion ist die alte HAPAG-Fähre »Bergedorf«, ein schwimmendes Restaurant mit Teestube. Im Café Engel, einem Glashaus auf dem Schiffsanleger Teufelsbrück, sitzt der Gast direkt im Strom. In Blankenese erwartet Sie mit internationaler Küche das traditionsreiche Restaurant Ahrberg.

Strandcafé, Övelgönne 1, 22605 Hamburg, ☎ 3 90 34 43. Im Winter Montag bis Freitag 12–19 Uhr, Sonnabend und Sonntag 10–20 Uhr, im Sommer Montag bis Sonntag 10–20 Uhr.

Fischrestaurant Hoppe, Övelgönne 6, 22605 Hamburg, ☎ 8 80 04 45. Im Winter Dienstag bis Freitag 11.30–18 Uhr, Sonnabend 11.30–22 Uhr, Sonntag 11.30–18 Uhr, Montag Ruhetag; im Sommer Dienstag bis Sonnabend 11.30–22 Uhr, Sonntag 11.30–18 Uhr.

»Bergedorf«, Museumshafen Övelgönne, Anleger Neumühlen, 22605 Hamburg, ☎ 39 73 83. Montag bis Sonntag 10–22 Uhr.

Café Engel, Schiffsanleger Teufelsbrück, 22609 Hamburg, ☎ 82 41 87. Montag bis Sonnabend 12–24 Uhr, Sonntag 12–19 Uhr.

Ahrberg, Strandweg 33, 22587 Hamburg, ☎ 86 04 38. Montag bis Sonnabend 11–23 Uhr, Sonntag Ruhetag.

Fahrradverleih:
Warum gleich kaufen?

Es gibt wohl über hundert Fahrradläden, in denen Sie sich den passenden Drahtesel aussuchen können. Das Angebot reicht vom gebrauchten Klapprad bis zum maßgearbeiteten Luxus-Bike. Die Adressen finden Sie im örtlichen Branchenbuch. Sie können sich ein Fahrrad aber auch leihen:

Eilbek: Emil Löwe, Wandsbeker Chaussee 13, 22089 Hamburg, ☎ 25 59 91.

Eppendorf: Fahrrad Scholz, Fahrradverleih, Touren- und Sporträder, Tandem, Ludolfstraße 7, 20249 Hamburg, ☎ 4 80 77 38.

Poppenbüttel: Uwe Dienemann, Boots- und Fahrradvermietung, Marienhof 4, 22399 Hamburg, ☎ 6 06 66 77.

Organisiert sind die Radler auch: Allgemeiner Deutscher Fahrrad-Club, ADFC.

✉ ADFC, Allgemeiner Deutscher Fahrrad-Club, Landesverband Hamburg, Arnoldstraße 63, 22763 Hamburg, ☎ 39 39 33/3 90 39 55.

Parks und Gärten: Gezähmte Natur

Altonaer Volkspark: Wald und Wiesen

Der Park wirkt in weiten Teilen wie ein natürliches Waldgebiet. Er bietet Raum für Aktivität *und* Muße.

Lage: Im Westen Hamburgs in Bahrenfeld.

Fahrrad-Anreise: Ab S-Bahnhof Eidelstedt die Schnackenburgallee Richtung Farnhornweg fahren.

Bus-/Bahn-Anreise: S3 oder S21 bis Stellingen oder Eidelstedt. Oder Buslinie 111 bis August-Kirch-Straße. Oder Buslinie 180 bis Am Volkspark.
HVV-Info: ☎ 1 94 49

Auto-Anreise: Ring 3 Rugenfeld, Rugenbarg, abbiegen in die Luruper Hauptstraße, Luruper Chaussee zum Parkplatz Höhe Notkestraße. Oder: Über die Bahrenfelder Chaussee, dann in die August-Kirch-Straße einbiegen, der Straße bis zur Absperrung am Schulgarten folgen und das Auto dort auf dem Parkplatz abstellen.

Hintergrund: Der 1914 von Ferdinand Tutenberg angelegte Altonaer Volkspark umfaßt rund 188 ha. Im Norden des Parks liegt der Tutenberg, ein künstlich aufgeschütteter Hügel, von dem man einen schönen Ausblick hat. Folgen Sie von hier der Straße am Volkspark, gelangen Sie allerdings zu einem noch besseren Aussichtspunkt. Von der Birkenhöhe können Sie wunderbar auf Hamburg blicken. Der Volkspark ist das naturbelassene Gegenstück zum Stadtpark (s. S. 133).

Wegenetz: Weitläufige Wege führen vorbei an großen Spielwiesen, durch ausgedehnte lichte Wälder und durch eine stimmungsvolle Birkenschlucht.

Pflanzen: Am Haupteingang, der von der August-Kirch-Straße zu erreichen ist, blühen im Frühjahr Narzissen in einem Meer von Gelb. Dahinter liegt die große Spielwiese. 200 Linden umstehen diesen Platz. Der Dahliengarten im Südwesten zieht im Sommer viele Besucher an. Im an den Park angrenzenden Hauptfriedhof Altona wachsen Zierkirschen und Rhododendronhecken. Im Zentrum des Volksparks liegt der Waldpark mit Ahorn, Buchen, Birken, Douglasien, Kiefern. Laub- und Mischwald mit Hängen und Schluchten sorgen für Abwechslung. Im Schulgarten östlich der den Park durchschneidenden August-Kirch-Straße wachsen nicht nur Ziersträucher, sondern auch Sumpfpflanzen.

Tiere: Greifvögel wie Bussard, Baumfalke, Turmfalke, Sperber und Waldohreule brüten hier.

Weitere Attraktionen: Schwimmbad, Spielwiese, Spielplatz und ein Trimm-dich-Pfad halten Alt und Jung auf Trab. Altona und Bahrenfeld sind so international wie kein anderer Stadtteil Hamburgs. Auf der Spielwiese kann man beim American Football oder bei einem brasilianischen Kampftanz zusehen. Ein Minigolfplatz lädt Besucher zum Einlochen. In dem Waldgebiet zwischen Nansenstraße und August-Kirch-Straße finden Sie auf einer Lichtung einen Waldspielplatz mit Spielgeräten und Planschbecken für die Kleinen, und an der Nansenstraße ist ein historisches Heckentheater zu besichtigen. Das Fußballfans wohlbekannte Volksparkstadion grenzt nördlich, die Trabrennbahn, die Bahrenfeld in ganz Deutschland bekannt machte, südlich an den Park.

Restaurants: Das Niedersächsische Bauernhaus ist das einzige Restaurant im Volkspark. Internationale Küche und ein Biergarten im Schatten der Bäume sorgen für gute Atmosphäre. Im Bauernhaus können Sie auch Räume für Hochzeiten und andere Feiern mieten. Fußballfans und Besucher des Dahliengartens kehren gern im Stadion Eck ein und lassen sich eines der Bratkartoffelgerichte schmecken.

Bauernhaus, Nansenstraße 82, 22525 Hamburg, ☎ 5 40 33 79. Montag bis Sonntag 11–23 Uhr.

Stadion Eck, Stadionstraße 1, 22525 Hamburg, ☎ 83 60 11. Montag bis Sonntag 11–18 Uhr, in den winterlichen Fußballpausen sonnabends geschlossen.

Botanischer Garten: Planten un Blomen

Hier gedeihen nicht nur norddeutsche Planten un Blomen (wie der plattdeutsche Name vermuten ließe), sondern auch tropische Pflanzen und ein Japangarten. Der Botanische Garten ist eine Oase mitten in Hamburgs City.

Lage: Im Zentrum Hamburgs zwischen Neustadt, St. Pauli und Rotherbaum.

Fahrrad-Anreise: Zum Beispiel von den St.-Pauli-Landungsbrücken über die Helgoländer Allee am alten Elbpark (Bismarck-Denkmal) vorbei, dann über den Millerntorplatz zur Glacischaussee zum Eingang Glacischaussee.

Bus-/Bahn-Anreise: U1 bis Stephansplatz. Oder U2 bis Gänsemarkt. Oder U3 oder S11/S21/ S31 bis Sternschanze. Oder S11/S21/S31 bis Dammtor. HVV-Info: ☎ 1 94 49

Auto-Anfahrt: Von der Anfahrt mit dem Auto ist abzuraten.

Hintergrund: Planten un Blomen umfaßt etwa 46 ha. Wie in vielen Städten wurden auch in Hamburg die ehemaligen

Nippon und der Weg des Wassers

Wallanlagen zu Parkanlagen umgewandelt. Ursprünglich sollte auf diesem Gelände eine niederdeutsche Gartenschau gezeigt werden, doch zahlreiche Gartenbauausstellungen, zum Beispiel die Internationalen Gartenbauausstellungen (IGA) von 1953, 1963 und 1973, haben den Park immer wieder radikal verändert. 1985 ist der Park nach Entwürfen des Japaners Yoshikuni Araki nochmals umgestaltet worden. Die geometrischen Strukturen der IGAs wurden durch naturnahe Anlagen ersetzt.

✉ Planten un Blomen, Eingänge: Glacischaussee, St. Petersburger Straße (ehemals Jungiusstraße), Holstenwall, Stephansplatz. ☎ 24 86-47 23. Im Sommer von 7–23 Uhr, im Winter von 7–20 Uhr.

Wegenetz: Zwischen abwechslungsreichem Grün und Wasserflächen führen wenige gut ausgebaute Wege.

Pflanzen: Die betagten Sumpfzypressen im Alten Botanischen Garten haben alle Umgestaltungen überlebt. Eine Besonderheit sind die Schaugewächshäuser, unter anderem das Tropenhaus und das Sukkulentenhaus. Im Tropenhaus fühlt man sich bei 90prozentiger Luftfeuchtigkeit in einen Urwald versetzt. Bananen, Mangroven, Kokospalmen, Papayas und Kaffeesträucher, Orangen-, Feigen- und Gummibäume sind nur eine kleine Auswahl des exotischen Angebots. Im Sukkulentenhaus sind Pflanzen trockener Gebiete untergebracht, unter anderem eine außergewöhnliche Auswahl von Kakteen unterschiedlichster Formen und Blütenfarben.

Tiere: Was sich auch sonst im Stadtgebiet einen Lebensraum erobert hat: Amseln, Meisen, Eichhörnchen, Enten.

Weitere Attraktionen: Ein Kinderspielplatz mit Kletterbergen (allerdings aus Plastik) lädt so richtig zum Austoben ein. Im Sommer gibt es ab etwa 22 Uhr Wasserlichtspiele zu klassischer Musik. Im Winter können Sie auf der Eisbahn unter offenem Himmel Schlittschuh laufen.

Eisbahn Planten un Blomen, Eingang Holstenwall, 20355 Hamburg, ☎ 3 19 35 36. Montag bis Sonntag 10–12 Uhr, 13–15 Uhr, 16–18 Uhr, 20–22 Uhr.

Restaurants: Besonders der Sonntagsbrunch im Restaurant Seeterrassen ist beliebt.

Restaurant Seeterrassen, St. Petersburger Straße 22 (ehemals Jungiusstraße), 20355 Hamburg, ☎ 35 36 08. Im Winter Montag bis Sonntag 12–18 Uhr, 12–22 Uhr, Sonntag 11–15 Uhr Brunch.

Garten der Schmetterlinge: Ein Fest für die Sinne

Im Sachsenwald befindet sich der Garten der Schmetterlinge. Hier kann man nicht nur farbenprächtige Schmetterlinge sehen, sondern auch Wasserklängen lauschen und in Blumendüften schwelgen.

Lage: Östlich von Hamburg im Sachsenwald.

Fahrrad-Anreise: Von der S-Bahn-Station Aumühle (S21) der ausgeschilderten Strecke durch den Sachsenwald folgen.

Bus-/Bahn-Anreise: Mit der S21 ab Hauptbahnhof bis Friedrichsruh. Dann zu Fuß zum Schloßteich.
HVV-Info: ☎ 1 94 49

Auto-Anreise: Die BAB 24 HH–Berlin, Abfahrt Witzhave, Richtung Trittau, in Grande rechts nach Friedrichsruh. Oder – ebenfalls BAB 24 – Ausfahrt Reinbek, Schnellstraße Richtung Reinbek, Aumühle rechts abbiegen, durch Aumühle bis Friedrichsruh.

Hintergrund: Der chinesische Philosoph Dschuang Dsi träumte einst, er sei ein Schmetterling. Er flatterte glücklich umher und wußte nichts mehr von Dschuang Dsi. Plötzlich erwachte er und war wieder Dschuang Dsi. Nun wußte er nicht mehr, ob Dschuang Dsi geträumt hat, er sei ein Schmetterling, oder ob der Schmetterling geträumt hat, er sei Dschuang Dsi. Die Familie von Bismarck eröffnete 1985 den Schmetterlingsgarten. Ein Traum wurde Wirklichkeit.

Garten der Schmetterlinge, Am Schloßteich, 21521 Friedrichsruh, 0 41 04/60 37. Sommerhalbjahr 9–18 Uhr. Im Winter nur Café und Singende Gärten 9–17 Uhr.

Pflanzen: Der 1000 m^2 große Duftgarten im Außengelände ist so kunstvoll angelegt, daß ein Pflanzenduft den anderen unterstreicht. Die Wege sind abgesenkt. Die über 80 verschiedenen Pflanzen sind auf Nasenhöhe und können errochen werden. Wer besonders kenntnisreich ist, errät die Arten mit geschlossenen Augen.

Tiere: Die Schmetterlinge, die zu Hunderten durch die beiden Hallen flattern, bringen die Besucher sicher nicht zum Philosophieren wie den chinesischen Meister Dschuang Dsi, vielleicht aber ein wenig zum Träumen. Schließlich ist ihre Farbenpracht oft so berauschend, daß man für eine Weile die Welt vergißt. Kaum zu glauben, daß so ein zauberhaftes, leichtes Wesen einmal eine kriechende, gefräßige Raupe war!

Der Weg von der Raupe über die Verpuppung bis hin zum Schmetterling und der Eiablage kann im Garten der Schmetterlinge live beobachtet werden. In den Hallen sind hierfür Kästen und Schautafeln aufgestellt. So anschaulich wie beim Schmetterling wird uns wohl nirgends die Wandlung der Dinge gezeigt. Und die zu beschreiben lag Dschuang Dsi am Herzen. Deshalb wählte der Philosoph auch das Gleichnis vom Schmetterlingstraum.

Auf insgesamt etwa 600 m^2 leben im Garten der Schmetterlinge in einer Halle für einheimische und einer für tropische Arten jeweils etwa 500 Falter. Die 60 verschiedenen tropischen Schmetterlingsarten kommen aus Asien, Afrika, Australien, Nord- und Südamerika.

Die schwüle Luft und die südliche Vegetation in der Tropenhalle entführen die Besucher in eine ferne Welt. Und die bunten Blüten exotischer Pflanzen ziehen nicht nur Schmetterlinge unwiderstehlich an.

In der Halle für heimische Arten ist uns das Klima schon etwas vertrauter, ebenso die Pflanzenwelt. Und auch den einen oder anderen der 20 heimischen Schmetterlingsarten erkennen die Besucher vielleicht wieder.

In ganz Europa verbreitet ist das Pfauenauge. Es hat auf seinen roten Flügeln ovale Flecken, die wie Augen wirken und einen anzusehen scheinen. Der Zitronenfalter hat leuchtendgelbe (Männchen) oder grünlichweiße (Weibchen) Flügel. In der Mitte beider Flügel hat er je einen kleinen orangefarbenen Tupfer. Er lebt in Nordwestafrika, Europa und in den gemäßigten Zonen Asiens und hat eine Flügelspannweite von 5 bis 6 cm. Mit einer Spannweite von 25 cm ist der Attacus Atlas einer der größten Schmetterlinge der Welt. Er lebt in Südostasien. Insgesamt gibt es weltweit 10 000 verschiedene Schmetterlingsarten.

Nektar ist die Hauptnahrung der Schmetterlinge. Einige saugen lieber Baum- und Obstsäfte. Die Lebensdauer ist gering und schwankt je nach Art: Das Sackträgermännchen lebt nur wenige Stunden, der Zitronenfalter immerhin zehn Monate. Die Fruchtbarkeit dagegen ist hoch, durchschnittlich 150 Eier pro Weibchen.

Der Schmetterlingsgarten ist ein Fest für die Sinne, vor allem für die Augen. Wer auch die anderen Sinne berauschen will, kann wenige Meter weiter etwas für Ohren und Nase tun.

Weitere Attraktionen: Im Singenden Wassergarten, einer in ihrer Art in Deutschland einmaligen Halle, erzeugen Wasserspiele aus Wasserfall und Bambusrohren leise, verzaubernde Gurgel-, Rausch- und Plätschersinfonien. Am besten läßt man die Atmosphäre auf sich wirken und beobachtet dabei die im Wasser schwimmenden asiatischen Koi-Karpfen.

Singender Wassergarten, Duftgarten, Insel der Besinnung – drei weitere Attraktionen gleich nebenan! Der Singende Wassergarten ist auch im Winterhalbjahr geöffnet (9–17 Uhr).

Auf der Insel der Besinnung kann man sich im Kaninchengehege am weichen Fell der Tiere erfreuen.

Sehen, hören, riechen, tasten – da fehlt doch noch etwas? Richtig, schmecken!

Restaurants: Das Café Vanessa bietet Kaffee, Kuchen und Eis – natürlich mit Sahne.

Café Vanessa, Am Schloßteich, 21521 Friedrichsruh, ☎ 0 41 04/72 93. Im Sommer 11–18 Uhr, im Winter 11–17 Uhr.

Hagenbeck:
Tierpark zum Spazierengehen

Tierparkanlage mit Landschaftsszenarien wie afrikanische Steppe, japanischer Inselgarten, Felsenlandschaft, Löwenschlucht.

Lage: Im Westen Hamburgs in Stellingen.

Fahrrad-Anreise: Ab Bahnhof Hagenbecks Tierpark (U2) am Park entlang zum Haupteingang Hagenbeckallee, Hagenbeckstraße. Im Tierpark sind Fahrräder verboten.

Bus-/Bahn-Anreise: U2 oder Bus 39/181/ 281/ 190 bis Hagenbecks Tierpark.
HVV-Info: ☎ 1 94 49

Auto-Anreise: Ring 2 Tarpenbekstraße, Lokstedter Weg einbiegen, dann Osterfeldstraße, Siemersplatz, Vogt-Wells-Straße, Julius-Vosseler-Straße bis zum Tierpark. Obwohl rund um Hagenbeck ausreichend Parkplätze zur Verfügung stehen, kann es an Sommertagen, am Wochenende und in den Ferien schwierig werden, einen Parkplatz zu ergattern.

Hintergrund: Am Haupteingang streichelt, in Stein gehauen, Carl Hagenbeck einen Löwen. Es ist das Denkmal für den Mann, der als Pionier den Tierpark gründete. Heute ist Hagenbeck längst eine Hamburger Institution. Carl Hagenbeck wurde 1844 in Hamburg als ältester Sohn eines Fischhändlers geboren. Er wuchs in St. Pauli auf, im Herzen Hamburgs. Finkenwerder Fischer brachten seinem Vater Seehunde mit. Der vierjährige Carl stellte auf dem Spielbudenplatz einen Waschbottich auf und gab seine erste Tierschau. Es folgte ein bewegtes Leben als Tierhändler und Zirkusdirektor, bis er schließlich 1907 mit Anfang Fünfzig seinen eigenen Tierpark gründete. 1913, nach dem Tode Carl Hagenbecks, übernahm sein Sohn Heinrich die Leitung des Parks, der bis heute in Familienbesitz ist.

Das Besondere und Lobenswerte an diesem Tierpark sind die gitterlosen Freigehege, die Carl Hagenbeck erfunden hat. Eine Ausnahme sind die chinesischen Leoparden, die aus Sicherheitsgründen in Käfigen gehalten werden. Als äußerst geschickte Kletterer und Springer würden sie in einem Freigehege die Gräben zum Publikum überwinden.

Der Tierpark wird nicht öffentlich gefördert und hat enorme Kosten, etwa 30 000 Mark pro Tag.

✉ Hagenbecks Tierpark, Hagenbeckallee, 22527 Hamburg, ☎ 54 00 01-0. Montag bis Freitag 9–16.30 Uhr, Einlaßschluß 15.30 Uhr. Zoopädagogin für Schulklassen Dienstag und Donnerstag 13–15 Uhr, ☎ 5 40 53 23.

Wegenetz: Ein gut ausgeschilderter, numerierter Weg führt durch den Park. Rollstühle können einen Tag vor dem Besuch bestellt werden, ☎ 54 00 01 24.

Pflanzen: Die Pflanzenwelt entspricht verständlicherweise der natürlichen Umwelt der im Zoo lebenden Tiere. Schließlich soll die Umgebung möglichst artgerecht sein und den Besuchern eine glaubwürdige Kulisse bieten. Die Flamingos etwa leben in einer steppenähnlichen Landschaft mit Teich. Auf der japanischen Insel wachsen Gingkobäume.

Tiere: Soweit es in einem Zoo möglich ist, sind die Tiere artgerecht untergebracht. Kraniche, Flamingos, Affen und Löwen leben auf Wiesen, an Teichen, auf Felsen und in Schluchten. Weitere Tiere sind unter anderen: Antilopen, Giraffen, Känguruhs, Otter, Bisons, Asiatische Elefanten, Panzernashörner, Dromedare, Poitou-Esel, Lamas, Bären, Kamele und Mähnenwölfe.

Weitere Attraktionen: Eine Attraktion ist gewiß das aus dem NDR-Fernsehen bekannte Walroß Antje. Seine Nachbarn, die Robben und Pinguine, werden täglich um 10.15 und 15.30 Uhr gefüttert. Kleine Kinder freuen sich besonders über das Meerschweinchendorf und das Kaninchendorf sowie die Märchenbahn. Auch ein Spielplatz ist vorhanden.

Restaurants: Auf dem Gelände laden zahlreiche Imbisse und ein Restaurant zum Rasten ein.

Hirschpark: Natürlich wirkende Parklandschaft

Park im englischen Stil mit repräsentativen Rasenflächen, eleganten Statuen und Damwildgehege.

Lage: Im Westen Hamburgs, an der Elbchaussee, auf der Höhe In de Bost.

Fahrrad-Anreise: Ab S-Bahnhof Altona S1/S11/S2/S3/S31) über Max-Brauer-Allee und Kaistraße zur Elbe. Dann stromabwärts über Neumühlen, Övelgönne, Hans-Leip-Park-Ufer, Elbuferweg den Mühlenberg hochfahren zum Hirschpark.

Bus-/Bahn-Anreise: S1/S11 bis Hochkamp oder Blankenese, dann weiter zu Fuß Richtung Elbchaussee.
HVV-Info: ☎ 1 94 49

Auto-Anreise: Auf der Elbchaussee bis Teufelsbrück fahren und dort parken.

Hintergrund: Johann Caesar IV. Godeffroy ließ den Park um 1800 im englischen Stil anlegen. Er ist einer der größten Parks der Elbvororte. Das in der Gründerzeit eingerichtete

Hirschgehege gab ihm seinen Namen. Ältere Teile der Gartenanlage, wie die Lindenallee am Nordrand, lassen noch heute deutlich werden, daß das Gelände früher für bürgerliche Sommeraufenthalte genutzt wurde. Seit 1927 ist der Park für die Öffentlichkeit zugänglich.

Wegenetz: Zahlreiche Wege führen durch eine angelegte, aber natürlich wirkende Landschaft. Beschaulich ist ein Spaziergang durch die Allee aus etwa 250 Jahre alten Linden.

Pflanzen: Uralte Bäume, Sträucher und Blumenbeete sind zu einer abwechslungsreichen Grünfläche scheinbar absichtslos komponiert. Ende Mai blüht der Rhododendron.

Tiere: Enten schwimmen auf dem Teich. Damwild läuft durchs Gehege.

Weitere Attraktionen: Eine Besonderheit ist das weiße klassizistische Herrenhaus.

Restaurants: Witthüs Teestuben mit seinen plüschigen Räumen.

Witthüs Teestuben, Elbchaussee 499a, 22587 Hamburg, ☎ 86 01 73. Montag bis Sonnabend 14–18 + 19–23 Uhr, Sonntag 10–18 + 19–23 Uhr.

Jenischpark: Stilvoller Garten

Ein mit großen, stilvollen Rasenflächen angelegter englischer Landschaftsgarten. Im Tal fließt der unter Naturschutz stehende Bach Flottbek.

Lage: Im Westen Hamburgs, in Groß Flottbek zwischen Elbchaussee, Baron-Voght-Straße, Hochrad, Holztwiete.

Fahrrad-Anreise: Ab S-Bahnhof Altona (S1/S11/S2/S3/S31) über Max-Brauer-Allee und Kaistraße zur Elbe. Dann stromabwärts über Neumühlen, Övelgönne, Hans-Leip-Park-Ufer zum Jenischpark.

Bus-/Bahn-Anreise: S1/S11 bis Klein Flottbek. Dann 10 Minuten Fußweg Richtung Baron-Voght-Straße. Oder Schnellbus 36 bis Teufelsbrück.
HVV-Info: ☎ 1 94 49

Auto-Anreise: Über die Elbchaussee zum vielgenutzten Parkplatz Teufelsbrück.

Hintergrund: Wo heute der Jenischpark steht, waren 1785, als Caspar Voght das Gebäude kaufte, noch sumpfige Moorwiesen. Baron Voght gestaltete das Gelände in eine »Ornamented Farm« um, einen landwirtschaftlichen Betrieb, der gestalterisch verschönert wurde. 1828 kaufte Senator Martin Johann Jenisch das Gelände und wandelte es in einen Park um. Der Jenischpark ist rund 40 ha groß.

Wegenetz: Während Sie auf gepflegten Wegen spazierengehen, können Sie zwischen Baum- und Strauchgruppen auf die Elbe schauen.

Pflanzen: Hänge- und Rotbuchen, Linden und Pappeln stehen im Jenischpark sowie vier etwa 200 Jahre alte Eichen. Sie werden heute aufwendig mit baumchirurgischen Maßnahmen erhalten. Buntes Laub im Herbst und blühende Wiesen im Frühjahr machen den Jenischpark zu einem farbenfrohen Erlebnis. Aber erst an verschneiten Wintertagen kommt der Zauber dieses Parks mit seinen großen Freiflächen und den geschickt plazierten Einzelbäumen voll zur Geltung. Im Nordteil des Parks befindet sich ein kleines, öffentlich zugängliches Gewächshaus.

Tiere: Was sich in der Stadt einen Lebensraum erobert hat: Amseln, Meisen, Eichhörnchen, Enten.

Weitere Attraktionen: Jenisch-Haus und Ernst-Barlach-Haus. Ernst Barlach, Bildhauer, Graphiker, Dichter, wurde am 2. Januar 1870 in Wedel (Holstein) geboren und ist am 24. Oktober 1938 in Rostock gestorben. Von den nationalsozialistischen Machthabern wurde er als Vertreter sogenannter entarteter Kunst verboten. Die Sammlung Hermann F. Reemtsmas zeigt im Ernst-Barlach-Haus Werke des verfemten Künstlers. Das Jenisch-Haus ist heute ein Museum bürgerlicher Wohnkultur.

Restaurants: So weit trauen sich selbst die Landratten, auch wenn's manchmal schaukelt: auf den Ponton von Teufelsbrück.

Café Engel, Schiffsanleger Teufelsbrück, 22609 Hamburg, ☎ 82 41 87. Montag bis Sonnabend 12–24 Uhr, Sonntag 12–19 Uhr.

Klövensteen: Ein angelegter Forst

Der Klövensteen eignet sich hervorragend für Radfahrer. Die Waldwege sind eben und gut ausgebaut. Sie führen vorbei an Wäldern, Wiesen, Feldern, Teichen, Moor- und Heideflächen.

Lage: Der Klövensteen liegt im Westen Hamburgs, nördlich der B431.

Fahrrad-Anreise: S1 bis Rissen, dann mit dem Fahrrad den Klövensteenweg bis zum Klövensteen.

Bus-/Bahn-Anreise: Mit der S1 bis Iserbrook oder der S3 bis Pinneberg. Von dort jeweils mit dem Bus 285 (PVG, Pinneberger Verkehrsgesellschaft) bis Waldenau/Markt. Oder: S1 bis Rissen, dann zu Fuß den Klövensteenweg bis zum Klövensteen.
HVV-Info: ☎ 1 94 49

Auto-Anreise: Bundesstraße 431, Wedeler Landstraße, abbiegen in den Schulauer Moorweg, der in den Sandmoorweg führt. Dort sind die Waldparkplätze der Forstverwaltung.

Hintergrund: Noch bis vor 200 Jahren gab es hier Heide und Moor. Aufgeforstet wurde erst, als das Gebiet durch Abzugsgräben entwässert war. Die recht tiefen Entwässerungsgräben können Sie heute noch im Osten des Klövensteens sehen. Mit dem Verkauf von Torf, der als Feuerungsmaterial verwandt wurde, wurde die Aufforstung des Klövensteens finanziert. Heute ist er ein beliebtes Naherholungsgebiet.

Wegenetz: Wanderer und Radfahrer nutzen die insgesamt etwa 50 km langen Wanderwege, Reitern stehen 20 km Reitwege zur Verfügung. Die Waldwege sind eben und gut ausgebaut. Es stehen zahlreiche Bänke für die Rast bereit. An den Wegkreuzungen finden Sie beschriftete Findlinge zur Orientierung.

Pflanzen: Der Forst wurde holzwirtschaftlich genutzt. Trotzdem haben es einige Bäume zu einem hohen Alter gebracht: Es stehen noch über 140jährige Kiefern und Buchen aus der Zeit der ersten Aufforstung. Ebenes Waldgebiet, Lichtungen, Waldwiesen, Laub- und Nadelmischwälder, Moore und Teiche bilden eine abwechslungsreiche Landschaft. Der Nadelholzanteil beträgt allerdings 66 Prozent. Vor allem die genügsamen Kiefern, die keine hohen Ansprüche an Bodengüte und Wasserhaushalt stellen, dominieren den Klövensteen. Zweithäufigste Baumart ist die Fichte.

Die Hamburger Forstverwaltung hat sich zum Ziel gesetzt, Laubholz im Klövensteen zu fördern. Die Förster wandeln den Wald allmählich in einen artenreichen Laubmischwald um. Sturm und Borkenkäfer greifen die Nadelbäume an. Ein weiteres Problem ist der Autoverkehr. Neben den Harburger Bergen ist der Klövensteen das von Abgasen am stärksten geschädigte Waldgebiet Hamburgs. Das liegt an dem hohen Anteil an Nadelbäumen. Sie sind ganzjährig grün und deshalb auch ganzjährig den Luftschadstoffen ausgesetzt.

Tiere: Mitten im Klövensteen liegt das Naturschutzgebiet Schnakenmoor, eine ursprüngliche Moor- und Heidelandschaft. Der Klövensteen selbst ist kein Naturschutzgebiet. Das heißt allerdings nicht, daß hier die Natur nicht geschützt wird.
In den Höhlen alter, absterbender Kiefern finden Fledermäuse einen Unterschlupf. Engagierte Naturschützer hängen in Zusammenarbeit mit der Forstverwaltung Nistkästen auf und kontrollieren sie regelmäßig. Sie halten auch kleine Lichtungen und Waldwiesen frei und pflegen sie. So gibt es auch im Winter viele Rehe im Klövensteen. In der Feld-Wald-Landschaft finden sie ihre typische Lebensgrundlage.
Am Sandmoorweg im Südwesten des Klövensteens ist ein etwa 24 ha großes Wildgehege. Wildschwein, Rot-, Dam- und Muffelwild leben hier, auch die hell gefleckten Sikahirsche. Sie werden artgerecht ernährt. Das Füttern der Wildtiere ist verboten.
Auf den Teichen leben Enten und andere Wasservögel. Wer Geduld und etwas Glück hat, kann Greifvögel, Kolkraben und Eisvögel beobachten.
Der Rundweg des Tiergeheges ist gut ausgebaut und behindertengerecht angelegt.

Weitere Attraktionen: Am Babenwischenweg ist eine auch bei kleinen Kindern beliebte Ponyranch, am Klövensteenweg ein Waldspielplatz.

Restaurants: Beim Ponyhof finden Sie die Pony-Waldschänke.

Pony-Waldschänke, Babenwischenweg 28, 22559 Hamburg, ☎ 81 23 53. Mittwoch bis Montag 10–24 Uhr. Dienstag Ruhetag.

Neuer Botanischer Garten: Lehrpfad der Botanik

Ein beschilderter Blumen- und Pflanzengarten nicht nur für Botaniker.

Lage: Im Westen Hamburgs in Groß Flottbek.

Fahrrad-Anreise: Ab S-Bahnhof Altona (S 1/ S11/S2/S3/S31) über Max-Brauer-Allee und Kaistraße zur Elbe. Dann stromabwärts über Neumühlen, Övelgönne, Hans-Leip-Park-Ufer. Baron-Voght-Straße rechts, bis Ohnhorststraße, wo der Eingang ist.

Bus-/Bahn-Anreise: S1, S11 oder Bus 115/184 bis Klein Flottbek.
HVV-Info: ☎ 1 94 49

Auto-Anreise: Zum Beispiel Ring 3 Rugenfeld, dann Osdorfer Landstraße, Heinrich-Plett-Straße, Ohnhorststraße zum Parkplatz am Eingang.

Neuer Botanischer Garten, Hesten 10, 22609 Hamburg, ☎ 8 22 82-4 96. Täglich 9–19 Uhr. Öffentliche Führungen jeden 1. Sonntag im Monat: 10 Uhr.

Hintergrund: Bereits 1821 wurde am Dammtor eine Pflanzensammlung angelegt. Die IGA 1973 verdrängte den Lehr- und Schaugarten nach Flottbek. Hier wurde 1979 der Neue Botanische Garten eröffnet. Er umfaßt 24 ha.

Wegenetz: Verzweigte Rundwege führen durch so verschiedene Landschaftsformen wie Wald, Steppe und Japangarten.

Pflanzen: Im Arzneipflanzengarten wachsen gebräuchliche Heilpflanzen wie etwa die Zitronenmelisse, in der Nutzgartenanlage Getreidearten wie Hafer, Gerste und Roggen. In der Musterkleingartenanlage mit Laub wird Obst und Gemüse angebaut. Außerdem gibt es ein Giftpflanzenbeet, eine Frühlingswiese mit Schneeglöckchen, Krokussen, Iris, Osterglocken und Tulpen, einen Rosengarten, einen Japangarten und einen Bauerngarten.

Tiere: Sie können bei den Pflanzen zahlreiche Insektenarten beobachten.

Weitere Attraktionen: Eine Besonderheit und das Herzstück des Neuen Botanischen Gartens ist das »System«. Pflanzen sind hier nach Familien und Ordnungen gruppiert. Anschaulicher kann Wissenschaft kaum sein.

Restaurants: Siehe Hirsch- und Jenischpark (S. 110 bzw. S. 112)

Niendorfer Gehege: Hamburgs wilder Westen

Als innerstädtischer Wald ist das Niendorfer Gehege eine kleine Besonderheit. Wo sonst gibt es fast mitten in der Stadt Rehe, Hasen und Füchse?

Lage: Im Westen Hamburgs, in Niendorf.

Fahrrad-Anreise: U2 bis Niendorf Markt, dann mit dem Fahrrad Tibarg, Niendorfer Marktplatz, Friedrich-Ebert-Straße, Niendorfer Gehege.

Bus-/Bahn-Anreise: U2 oder Bus 35/213/192/291/391 bis Niendorf Markt, dann zu Fuß Tibarg, Niendorfer Marktplatz, Friedrich-Ebert-Straße, Niendorfer Gehege.
HVV-Info: ☎ 1 94 49

Auto-Anreise: Zum Beispiel Ring 2 Gärtnerstraße, dann Hoheluftchaussee, Lokstedter Steindamm, Kollaustraße, Friedrich-Ebert-Straße, Niendorfer Gehege, Bondenwald zu einem der Waldparkplätze.

Hintergrund: Das Niendorfer Gehege umfaßt 142 ha, von denen etwa 128 Wald sind. Entstanden aus einem ehemalig königlich dänischen Gehege und einer Anzahl privater Parkanlagen, ist es das kleinste Revier der Hamburger Forstverwaltung. Im 19. Jahrhundert begannen Hamburger Kaufleute immer größere Teile Niendorfs zu erwerben. Dort schufen sie sich repräsentative Landsitze. Viele legten Waldparks an. Nach dem Zweiten Weltkrieg erwarb die Stadt Hamburg die Waldflächen fast vollständig mit dem Ziel, ein öffentliches Naherholungsgebiet zu schaffen. Der Wald war allerdings in keinem guten Zustand. Nach dem Krieg war Brennstoff knapp, und die Bevölkerung versorgte sich auf eigene Faust.

Wegenetz: Wanderer nutzen das etwa 20 km lange Wegenetz durch einen gepflegten, aber natürlichen Wald.

Pflanzen: Die ebene Landschaft mit vorwiegend Laubbäumen wie Buche, Ahorn und Esche sowie etwas Nadelholz wird durch Waldwiesen, Teiche und landwirtschaftliche Flächen ergänzt. Auch bis zu 200jährige Eichen stehen hier. Der Wald des Niendorfer Geheges ist im Gegensatz zum durch Nadelbäume aufgeforsteten Klövensteen (s. S. 115) relativ naturnah. Eine geringe Anzahl von Ziergehölzen wie Nußbaum, Eßkastanie, Eibe, Thuja und Urwelt-Mammutbaum erinnern noch an die einstmalige Parkanlage.
Obwohl das Niendorfer Gehege durch seine Lage inmitten von Hauptverkehrsstraßen und in der Nähe des Flughafens Fuhlsbüttel Luftschadstoffen stark ausgesetzt ist, halten sich die Schäden in Grenzen. Im Niendorfer Gehege ist vorwiegend Laubwald beheimatet, und der wirft im Herbst das Laub ab und ist deshalb – im Gegensatz zum immer-

grünen Nadelwald – den Schadstoffen weniger ausgesetzt.

Tiere: Die Weideflächen der zum Ponyhof gehörenden Tiere sind in den Naturschutz eingebunden. Die Viehdichte auf den Wiesen ist mit dem Naturschutzbund abgestimmt; so können sich Wiesenbrüter behaupten. Bei der Försterei (Bondenwald 108) ist ein Damwildgehege.

Weitere Attraktionen: Im Osten zum Alten Friedhof hin befindet sich ein 4 ha großes Hundefreilaufgebiet. Im Wald sind Hunde dagegen anzuleinen. Im wilden Westen des Niendorfer Geheges können Kinder zu Indianern werden. In Richtung der Kollau ist ein Ponyhof. 4 km Reitwege stehen zur Verfügung. Die Ponys sind nur für Kinder vorgesehen. Die Eltern führen das Pony. Ein solcher »Ausritt« dürfte zu den unvergeßlichen Erlebnissen im Leben eines Kindes gehören. Neben dem Ponyhof gibt es vier Grillplätze. Hier kann Abenteuerromantik aufkommen, wenn Papa die Holzkohle auspackt und die T-Bone-Steaks auf den Rost wirft. Auf Komfort muß trotzdem nicht vollständig verzichtet werden, Tische und Bänke sind vorhanden. Außerdem gibt es im Wald Liegewiesen, auf denen sich Sonnenhungrige selbst grillen können. Kinder können sich auf den Waldspielplätzen am Bondenwald, Ecke Niendorfer Gehege, und an der Vogt-Kölln-Straße so richtig austoben.

✉ Ponyhof Niendorfer Gehege, Durchgangsstraße Niendorfer Gehege 50, 22453 Hamburg, ☎ 58 23 41. Montag bis Freitag 14–17 Uhr, Sonnabend und Sonntag 10–17 Uhr, Montag Ruhetag; in den Hamburger Schulferien Montag bis Freitag 11–17 Uhr.

Restaurants: Ganzjährig können Sie im Waldcafé Corell einkehren.

Waldcafé Corell, Niendorfer Gehege 50, 22453 Hamburg, ☎ 58 53 78. Dienstag bis Sonntag 11–22 Uhr. Montag Ruhetag.

Ohlsdorfer Friedhof: Zu Lebzeiten schon etwas Ruhe tanken

Der Ohlsdorfer Friedhof ist nicht nur Beisetzungsort von jährlich etwa 9000 Toten, er ist außerdem Hamburgs größter und vielfältigster Park.

Lage: Nordöstlich der Außenalster. Der Ohlsdorfer Friedhof erstreckt sich zwischen Fuhlsbüttel, Wellingsbüttel, Bramfeld, Steilshoop, Barmbek-Nord und Alsterdorf.

Fahrrad-Anreise: Zum Beispiel ab Bahnhof Ohlsdorf (S1, U1) wenige Meter zum Friedhof.

Bus-/Bahn-Anreise: S1 oder U1 bis Ohlsdorf (Haupteingang). Oder mit der S1 bis Hoheneichen oder Kornweg. Auf dem Gelände fahren die Buslinien 170 und 270.
HVV-Info: ☎ 1 94 49

Auto-Anreise: Über die Fuhlsbüttler Straße bis zum Friedhof Ohlsdorf.

Hintergrund: Der Ohlsdorfer Friedhof ist mit seinen 400 ha einer der größten Friedhöfe der Welt. 1,5 Millionen Menschen, darunter Berühmtheiten wie Carl Hagenbeck und Wolfgang Borchert, wurden hier beigesetzt. 250 000 Gräber hat er heute.

Früher wurden Verstorbene nach einer strengen Rangordnung in und um die Kirche herum zur letzten Ruhe gebettet. Je näher das Grab am Altar lag, desto höher der gesellschaftliche Rang des Toten. Im 14., 15., 16. und 17. Jahrhundert hatte man Angst, sich anzustecken, und legte sogenannte Pestäcker vor den Toren Hamburgs an. Aber auch nach der Pest, im 18. Jahrhundert, führte die mehrschichtige Bestattung auf engem Raum zu unhygienischen Zuständen. Trotzdem herrschte eine große Abneigung gegen Gräber, die außerhalb lagen. 1813, während der französischen Besetzung Hamburgs, verbot der französische Stadtkommandant alle Beisetzungen innerhalb der Stadtbefestigung. Das starke Bevölkerungswachstum in der zweiten Hälfte des 19. Jahrhunderts erforderte einen größeren Friedhof. 1877 entwarf Friedhofsdirektor Wilhelm Cordes den Ohlsdorfer Friedhof.

Der Ohlsdorfer Friedhof ist Ruhestätte zahlreicher Prominenter. Die Plastik eines liegenden Löwen ziert das Grab Carl Hagenbecks. Treue Fans pilgern außerdem zu den Gräbern berühmter Persönlichkeiten wie denen des Malers Philipp Otto Runge, des Schriftstellers Wolfgang Borchert, des Komikers Heinz Erhardt und denen der Schauspieler, Hans Albers und Ida Ehre.

Sowjetische und britische Soldatengräber sowie das KZ-Opfer-Ehrenmal erinnern an ein grauenvolles Kapitel deutscher Geschichte.

✉ Friedhof Ohlsdorf, Fuhlsbüttler Straße 756, 22337 Hamburg, ☎ 5 93 88-0. April bis September täglich 8–21

Uhr, Oktober bis März 8-18 Uhr. Info-Zentrum Montag bis Donnerstag 9–15 Uhr, Freitag 9–13 Uhr.

Wegenetz: 17 km Fahrstraßen stehen zur Verfügung. Die Höchstgeschwindigkeit beträgt 30 km/h. Für den Durchgangsverkehr ist der Friedhof gesperrt. Ansonsten unzählige Fußwege entlang den Gräbern.

Pflanzen: 450 Laub- und Nadelhölzer. Zur Rhododendronblüte, Ende Mai, Anfang Juni, kommen Tausende von Besuchern. Im Rosengarten blühen im Sommer 2700 Rosen. Straßennamen wie Eschenallee, Eichenallee, Kirschenallee, Lärchenallee und Waldstraße sprechen für sich. Etwa 25 000 Bäume stehen auf dem Ohlsdorfer Friedhof, zum Beispiel Rotbuche und Stileiche im ältesten (westlichen) Teil des Parks. Spaziergänger sind in dem europaweit bekannten Landschaftspark willkommen und können hier schon zu Lebzeiten etwas Ruhe tanken.

Tiere: Besonders die Umgebung von Gewässern wie Nordteich und Südteich ist ein Rückzugsgebiet zahlreicher Vogelarten. Im Frühjahr bietet der Bund für Vogelschutz ornithologische Führungen an.

Weitere Attraktionen: Der Förderkreis Ohlsdorfer Friedhof bietet als Führungen »Motivsuche für Fotografen«, »Spaziergang im Maiengrün« oder »Goldener Oktober auf Ohlsdorf« an, einige auch für Langsamgeher und Rollstuhlfahrer. Und wer sich weniger mit dem Tod als vielmehr mit dem Leben beschäftigen möchte, findet vielleicht auf einem der Grabsteine einen ausgefallenen Namen für seinen Nachwuchs.

Hamburgs größte Grünanlage

Grabkultur im Wandel der Zeiten

250 000 Tote ruhen hier

Das Museum Friedhof Ohlsdorf widmet sich umfassend dem Thema Tod. Historische Fotos und Dokumente sowie aktuelle Texte geben einen Einblick in die Grabkultur im Wandel der Zeiten.

Besondere erwähnenswerte Grabstätten sind unter anderen die Dichterecke, die Pastorengräber, die Stätte der Revolutionsgefallenen (1918–1920), die Polizeigräber »Revier Rotbuche«, die Feuerwehrgräber und der Seemannsfriedhof.

Museum Ohlsdorfer Friedhof, Lage: an der Ausfahrt des Friedhofs Fuhlsbüttler Straße. Montag, Donnerstag, Sonntag 10–14 Uhr.

Restaurants: Zahlreiche Restaurants und Cafés besonders in der Umgebung des Ohlsdorfer Bahnhofs laden nicht nur zum Leichenschmaus. Am Eingang Kornweg erwarten Sie das Restaurant Hadenfeldt sowie das Café Lülow.

Hadenfeldt, Friedhofsweg 15, 22337 Hamburg, ☎ 50 05 06-0. Montag bis Donnerstag 9–21 Uhr, Freitag bis Sonntag 9–19 Uhr.

Café Lülow, Friedhofsweg 2, 22337 Hamburg, ☎ 59 91 06. Montag bis Sonntag 9 Uhr–open end.

Öjendorfer Park:
Die grüne Lunge im Osten Hamburgs

An den Öjendorfer Friedhof angegliederte Parkfläche mit großem See, der Vogelschutzgebiet ist.

Lage: Im Osten Hamburgs in Öjendorf, zwischen Billstedt und Jenfeld.

Fahrrad-Anreise: Mit der U3 zum Bahnhof Merkenstraße, dann Merkenstraße, Mattkamp, der direkt zum Öjendorfer Park führt.

Bus-/Bahn-Anreise: Mit der U3 bis Merkenstraße, dann mit dem Bus 161 bis Südeingang. HVV-Info: ☎ 1 94 49

Auto-Anreise: BAB 24, Abfahrt Hamburg-Jenfeld, dann Schiffbeker Weg, Schiffbeker Höhe, Glinder Straße, Reinskamp, Driftredder zu einem der Parkplätze. Oder weiter Barsbütteler Weg zum Parkplatz am Spielplatz.

Hintergrund: Der Öjendorfer Park ist nach dem Altonaer Volkspark (s. S. 96) und dem Stadtpark (s. S. 113) die drittgrößte Hamburger Parkanlage und umfaßt rund 143 ha. Vor dem Naturerleben steht hier der Freizeitspaß im Grünen.

Wegenetz: Gut ausgebaute Wege führen durch den Park und um den Öjendorfer See. Einmal um den See laufen dauert etwa eine Stunde.

Pflanzen: Der Park ist vor allem geprägt durch eine hügelige Rasenlandschaft, die den See umgibt. Heimischer Baumbestand wie Buche, Linde und Birken bilden kleine Wäldchen.

Tiere: Im Schleemer Bach tummeln sich Frösche und Kaulquappen. Auch Graugänse verweilen hier gerne. Der Öjendorfer See ist Vogelschutzgebiet. Es lohnt sich, ein Fernglas mitzunehmen, wenn Sie seltene Vögel wie Graureiher, Kormoran, Haubentaucher und Rohrdommel beobachten wollen. Der Naturschutzbund Deutschland (NABU) bietet ab März freitags um 18 Uhr Führungen an.

Weitere Attraktionen: Am Driftredder können Sie Minigolf spielen, und am Barsbütteler Weg Höhe Haßloredder befindet sich ein Spielplatz mit Holz-Fort. Am südlichen Teil des Öjendorfer Sees ist eine Badestelle. Im Sommer wird gegrillt, geradelt und gejoggt, im Winter Schlittschuh gelaufen und gerodelt.

Restaurants: Zwei Kioske sind am See. Jugoslawische Spezialitäten gibt es im Restaurant Dubrovnik, in der Nähe des Parks.

Restaurant Dubrovnik, Schiffbeker Weg 96, 22117 Hamburg, ☎ 7 31 47 88. Geöffnet: Montag bis Sonnabend 12–15 + 18–24 Uhr. Sonn- und feiertags 12–24 Uhr.

Stadtpark:
Oase inmitten der Backsteinwüste

Im Gegensatz zum weitgehend naturbelassenen Altonaer Volkspark (s. S. 96) ist der Stadtpark eher gartenartig angelegt.

Lage: Zentral inmitten von Hamburgs bevölkerungsreichen Stadtteilen Winterhude, Barmbek und Alsterdorf.

Fahrrad-Anreise: U3 bis Borgweg oder Saarlandstraße. Oder: S1/S11 bis Alte Wöhr. Oder: Ab Jungfernstieg immer am Wasser entlang, Ballindamm, An der Alster, Schwanenwik, Schöne Aussicht, Fährhausstraße, Sierichstraße, Bellevue, Fernsicht, Leinpfad. Dann Hudtwalckerstraße, Winterhuder Marktplatz, Ohlsdorfer Straße.

Bus-/Bahn-Anreise: U3 bis Borgweg oder Saarlandstraße (Westteil). S1/S11 bis Alte Wöhr (Ostteil).
HVV-Info: ☎ 1 94 49

Auto-Anreise: Zum Beispiel Ring 2 Jahnring bis zum Linnéring, wo ein Parkplatz ist.

Hintergrund: Wenn Hamburger und Hamburgerinnen einfach von *dem* Stadtpark reden, dann meinen Sie den Winterhuder Stadtpark. Mit seinen 148 ha ist er etwa so groß wie der Altonaer Volkspark oder – wie immer wieder gern in Reiseführern bemerkt wird – fast so groß wie das Fürstentum Monaco.

Um die Jahrhundertwende gab es viele Stimmen, die einen Park inmitten Hamburgs forderten. Man erinnerte an die letzte Choleraepidemie (1892) und wollte als gesundheitsfördernden Beitrag eine Art grüne Lunge schaffen. Der damalige Direktor der Hamburger Kunsthalle, Alfred Lichtwark, forderte einen Stadtpark, damit Hamburg angesichts zunehmender Bevölkerungsdichte bewohnbar bleibe. Unter der Leitung von Baudirektor Fritz Schumacher wurde 1910–14 der Winterhuder Stadtpark angelegt.

Wegenetz: Gut ausgebaute, meist ebene Wege führen durch den Park.

Pflanzen: Wer es etwas beschaulicher mag, geht in dem Waldteil rund ums Planetarium unter Buchen, Eichen und Birken spazieren.

150 Arten und Formen von Laub- und Nadelhölzern wachsen im Stadtpark. Aufgrund des Straßenverkehrs sind die Nadelbäume allerdings stark geschädigt.

Tiere: Um seltene Arten zu beobachten, herrscht hier an sonnigen Wochenenden zuviel Trubel. Aber es bringt Spaß, den Enten auf dem Teich Höhe Jahnring/Saarlandstraße ganz in der Nähe der Freilichtbühne zuzusehen. Auch an Amsel, Meise, Eichelhäher und Eichhörnchen können Sie sich hier erfreuen. Beim Grasweg Höhe Maria-Louisen-Straße ist ein Hundespielplatz.

Weitere Attraktionen: Seinen Charakter als Volkspark hat der Stadtpark bis heute erhalten. Neben dem Restaurant Landhaus Walter, wo früher ein Minigolf-Platz war, öffnen im Sommer Würstchen- und Getränkebuden. Auf der Spiel- und Liegewiese bolzen ganzjährig Erwachsene. Außer Fußball wird hier auch American Football gespielt. Im Frühjahr spazieren Verliebte entlang den blühenden Narzissen, im Herbst steigen Drachen in die Luft.

Am meisten ist natürlich im Sommer los: Bei gutem Wetter ist der ganze Park voller sich sonnender, lesender oder dösender Menschen; man kann spielend Kontakte knüpfen, aber auch in Ruhe das Alleinsein unter vielen genießen; an den Grillplätzen trifft sich zu Kotelett und Bratwurst, wer kein Haus mit Garten hat – und das sind in den traditionellen Arbeiter- und Handwerkervierteln um den Stadtpark herum sehr viele. Im Freibad des Stadtparksees tobt nach Schulschluß das pralle Leben. Kleine Kinder planschen allerdings lieber im Becken des Spielplatzes am Spielwiesenweg. Und Hängebrücke, Tunnelrutsche und eine Riesenschaukel sorgen für Spaß bei kleinen und großen Kindern. Von der Freilichtbühne weht oder stürmt abends die Musik von Open-Air-Konzerten.

Praktisch veranlagte Menschen, die nicht auf einen klaren Nachthimmel warten wollen, können sich im Planetarium auch schon vor Sonnenuntergang die Sterne ansehen.

Planetarium im Stadtpark, 22303 Hamburg, telefonische Kartenvorbestellung Montag bis Freitag 7.30–9.30 + 13–15 Uhr: 5 14 98 50.

Restaurants: Im Landhaus Walter sitzt bei Kaffee und Kuchen nicht nur die reifere Jugend. Seit einiger Zeit werden hier nicht nur Evergreens gespielt, sondern auch Jazz- und Blues-Sessions abgehalten. Daher heißt das traditionsreiche Restaurant jetzt auch das »Neue« Landhaus Walter. Räume für Hochzeiten und Jubiläen können Sie aber immer noch reservieren. Ein Garten-Café erwartet Sie am Planschbecken.

Landhaus Walter, Hindenburgstraße 2, 22303 Hamburg, ☎ 27 50 54/55. Ganzjährig Montag bis Sonntag 11 Uhr–open end.

Garten-Café am Planschbecken, 22303 Hamburg, ☎ 2 79 77 61. Anfang März bis Ende Oktober täglich ab 11 Uhr–open end.

Wildpark Schwarze Berge: Wo Rehe aus der Hand fressen

Kleines, von Mischwald durchsetztes Gebirge. Heimisches Wild ist gut zu beobachten.

Lage: An der südlichen Grenze Hamburgs im Staatsforst Rosengarten.

Fahrrad-Anreise: Ab S-Bahnhof Neugraben oder Kiekeberg dem markierten Wanderweg Richtung Kiekeberg folgen, der auch am Wildpark vorbeiführt.

Bus-/Bahn-Anreise: S3 bis Neugraben. Dann Bus 240 bis Waldfrieden, dann Fußweg. Oder Bus 340 ab Neugraben bis zum Eingang. Oder ab Harburg (S3) mit dem KVG-Bus bis Vahrendorf.
HVV-Info: ☎ 1 94 49

Auto-Anreise: A7 HH–Hannover, Abfahrt Marmstorf, dann ausgeschildert. Oder B75 Abzweigung Appelbüttel in Richtung Ehestorf/Vahrendorf.

Hintergrund: Aus Freude an der Natur und aus Liebe zu Tieren schlossen sich heimische Bauern zusammen und gründeten 1969 den Wildpark Schwarze Berge. Der Wildpark ist eine GmbH und wird nicht öffentlich gefördert. Die Gehege sind größer als in einem Zoo. Auf 50 ha leichtem Gebirge gibt es hier ausgezeichnete Beobachtungsmöglichkeiten für heimisches Wild.

✉ Wildpark Schwarze Berge, Am Wildpark 1, 21224 Rosengarten, ☎ 7 96 42 33. 8–18 Uhr.

Wegenetz: Gut ausgebaute markierte Wege führen über Hügel und Täler, durch Wälder und Lichtungen und vorbei an malerischen Seen.

Pflanzen: Naturähnliche Umgebung des Wildes. Nadel- und Mischwald wechseln mit Lichtungen auf hügeligem Gebiet. Durch den hohen Anteil an Nadelbäumen ist es hier auch im Winter grün.

Tiere: Die Favoriten der Kinder sind sicher die überall frei umherlaufenden Hängebauchschweine. Im Freigehege am Waldsee fressen Rehe aus der Hand. Eiskalt läuft es manchem über den Rücken, wenn er in der Schlangengrube sieht, wie eine Maus zum Opfer wird. In der Brunftzeit im Herbst können Sie die Hirsche röhren hören. Weitere Tiere sind: Fischotter, Heidschnucken, Kolkraben, Baummarder, Eulen, Ameisen (mit Lehrtafeln), Silberfüchse, Fasane, Dachse, Waschbären, Luchse und Störche.

Weitere Attraktionen: In der Kunsthandwerkerhalle wird unter anderem getöpfert und geschnitzt; die Produkte können Sie kaufen. In der Köhlerhütte wird heute zwar keine

Holzkohle mehr hergestellt, sie können hier aber ein mitgebrachtes oder am Kiosk gekauftes Würstchen grillen. Am Ein- und Ausgang des Wildparks ist ein Spielplatz. Es bietet sich an, erst am Schluß mit den Kindern dorthin zu gehen, da sie sonst womöglich nicht mehr zum Rundgang durch den Tierpark zu bewegen sind.

Restaurants: Sie können im Wildparkrestaurant einkehren oder einen Imbiß an den beiden Kiosken an der Köhlerhütte und in der Kunsthandwerkerhalle nehmen.

Wildparkrestaurant (am Eingang des Parkes), ☎ 7 96 45 11. Im Winter Mittwoch bis Montag 11–19 Uhr, im Sommer 11–20 Uhr. Dienstag Ruhetag.

Kiosk in der Kunsthandwerkerhalle, ☎ 7 96 03 76/ Kiosk an der Köhlerhütte, ☎ 7 96 56 06. Im Sommer Montag bis Sonntag 10–18 Uhr, im Winter 11–16 Uhr. Ruhetag: Im Winter wechseln sich die beiden Kioske ab, einer hat stets geöffnet.

Grasen am Waldsee

Dem Bambino Bambis zeigen

Gar nicht scheu: Rehe, die aus der Hand fressen

Schnitzereien vom Kunsthandwerker

Gewußt, wo. Gewußt, wie:
Gut leben in der Stadt

Altes Land: Hamburgs Obstgarten

Weites, flaches, von Deichen durchzogenes Land. Europas größtes geschlossenes Obstanbaugebiet. Mai: Kirsch- und Apfelblüte. September: Beginn der Erntesaison. Früchteverkauf ab Hof. Zahlreiche Gasthäuser.

Lage: Beiderseits der hamburgisch-niedersächsischen Grenze.

Fahrrad-Anreise: S1/S11 bis Blankenese, dann Fähre (stündlich um halb) über die Elbe nach Cranz. Oder S3 bis Neugraben.

Bus-/Bahn-Anreise: S3 bis Neugraben. Oder: S1/S11 bis Blankenese, dann Fähre (stündlich um halb) über die Elbe nach Cranz.
HVV-Info: ☎ 1 94 49

Auto-Anreise: A7 bis Abfahrt Waltershof, dann Waltershoferstraße, Moorburger Elbdeich, Hohenwischer Straße, Vierzigstücken, Nincoper Straße, Neuenfelderstraße, Obstmarschenweg, Osterjork, Westerjork.

Hintergrund: Toll, daß man kalifornische Äpfel in Hamburg kaufen kann, aber ist die weite, Energie kostende Reise tatsächlich notwendig? Im Alten Land werden schließlich auch Äpfel angebaut. Direkter Einkauf bei den heimischen Obstbauern ist nicht nur umweltfreundlich, sondern auch preisgünstig. Da der Zwischenhandel wegfällt, können Sie bis zu 50 Prozent des Kaufpreises sparen. Außerdem läßt sich der Obsteinkauf mit einem schönen Herbstausflug verbinden. Und vielleicht bringen Sie – auf Wunsch – Nachbarn, Freunden und Verwandten ein paar Kilo Cox Orange, Holsteiner Cox, Elstar oder Jonagold mit.

Wer eine Kiste Äpfel über den Winter einlagern möchte, braucht einen kühlen Keller (etwa 5 Grad Celsius). Die Lagerung auf dem Balkon ist nur möglich, wenn dieser frostfrei ist. Die Apfelbauern stellen Ihnen für Ihre Lagerung sicher gerne eine mit Folienbeuteln ausgeschlagene Apfelkiste zur Verfügung. Nehmen Sie immer nur so viel Äpfel aus der Kiste, wie Sie in der nächsten Zeit benötigen. Lassen Sie die Äpfel dann im Obstkorb einige Tage liegen. Wenn Sie zu duften anfangen, sind sie so richtig schmackhaft. Im Kühlschrank sollten Sie Ihre Äpfel übrigens nicht aufbewahren, denn das beschleunigt ihre Reifung.

Im Frühjahr lockt die Obstbaumblüte ins Alte Land.

Obsthöfe im Alten Land

Jork

Herzapfelhof, Hein Lühs, Osterjork 102, 21635 Jork, Niederelbe, ☎ 0 41 62/89 54, Fax 0 41 62/81 60.

Henning von Husen, Obstbau, Osterjork 66, 21635 Jork, Niederelbe, ☎ 0 41 62/56 29, Fax 0 41 62/97 11.

Gerd Lefers, Obstbau, Gästebetreuung, Osterjork 140, 21635 Jork, Niederelbe, ☎ 0 41 62/3 75, Fax 0 41 62/ 80 75.

Wilhelm Matthies, Obstbau, Am Elbdeich 31, 21635 Jork, Niederelbe, ☎ 0 41 62/91 58-0.

Hollern-Twielenfleth

Gerd Beckmann, Obstbau, Café, Restaurant, Antiquitäten, Hollernstraße 97a, 21723 Hollern-Twielenfleth, ☎ 0 41 41/ 7 07 07, Fax 0 41 41/7 66 26.

Ernst-August Eckhoff, Obstbau, Hollernstraße 95, 21723 Hollern-Twielenfleth, ☎ 0 41 41/7 04 20.

Läden, Höfe, Märkte: Biologisch-dynamisch und gesund

Hintergrund: Schweinepest und Rinderwahn, Salmonellen in Eiern und genmanipuliertes Gemüse – jede Schreckensnachricht bringt den Bioläden, Ökomärkten, Ökohöfen und Reformhäusern neue Kunden. Der Mensch *ist*, was er *ißt*. Biologisch-dynamisch und gesund soll unsere Nahrung sein, heißt es. Was aber bedeutet biologisch-dynamisch?

Biologisch-dynamisch wirtschaften heißt auf künstliche Pflanzenschutz- und Düngemittel verzichten, Naturkreisläufe beachten und Tiere artgerecht halten. Artgerecht bedeutet: keine Massentierhaltung auf engstem Raum, keine Mästung mit unnatürlichem Futter (z. B. tierische Nahrung für Pflanzenfresser), dafür: Weidegang im Sommer, im Winter auf Stroh mit viel Platz im Stall.

Bioläden

Bergstedt

Bergstedter Brunnen, Volksdorfer Damm 253, 22395 Hamburg, ☎ 6 04 63 25. Montag bis Freitag 8.30–13 und 15–18 Uhr, Sonnabend 8.30–12.30 Uhr.

Berne

Die Roggenmuhme, Stefan-Zweig-Straße 1, 22175 Hamburg, ☎ 6 40 28 56. Montag, Mittwoch, Donnerstag, 8.30–13 Uhr und 15–18 Uhr, Dienstag und Sonnabend 9–12 Uhr.

Bio-Blumen aus Vierlanden: Winterhuder Ökowochenmarkt

Blankenese

Blankeneser Naturkost, Blankeneser Hauptstraße 121, 22587 Hamburg, ☎ 86 52 08. Montag, Mittwoch, Donnerstag 9–13 und 15–18 Uhr. Dienstag und Freitag 15–18 Uhr, Sonnabend 9.30–12.30 Uhr. Außerdem: Dienstag, Freitag und Sonnabend auf dem Blankeneser Wochenmarkt, Mittwoch auf dem Blankeneser Ökomarkt.

Dulsberg

Senfkorn Naturkost, Weißenburger Straße 1–3, 22049 Hamburg, ☎ 61 22 96. Montag bis Sonnabend 9–13 Uhr, Montag bis Freitag 14.30–18 Uhr.

Eimsbüttel

Sommer-Sprossen Naturkost, Hellkamp 52, 20255 Hamburg, ☎ 40 46 96. Montag bis Freitag 9–18 Uhr, Sonnabend 9–13 Uhr.

Öko-Korb, Müggenkampstraße 43, 20257 Hamburg, ☎ 49 66 80. Montag bis Freitag 9–13 und 14.30–18 Uhr, Sonnabend 9–13 Uhr.

Eißendorf

Natur + Reformhaus Eißendorf, Stüben R., Eißendorfer Straße 163, 21073 Hamburg, ☎ 7 90 36 88. Montag bis Freitag 8.30–13 und 14–18 Uhr, Sonnabend 8.30–12 Uhr.

Eppendorf

Goldene Oase, Eppendorfer Baum 34, 20249 Hamburg, ☎ 48 38 01. Montag bis Sonntag 10–20 Uhr.

Grüner Laden, Isestraße 20, 20144 Hamburg, ☎ 4 20 05 50. Montag und Donnerstag 10–13 und 15–18

Uhr, Dienstag und Mittwoch 9–13 und 15–18 Uhr, Freitag 9–18 Uhr, Sonnabend 9–13 Uhr.

Knusperhaus, Geschwister-Scholl-Straße 23, ☎ 4 60 50 40. Montag bis Donnerstag 10–13 und 14.30–18.30 Uhr, Freitag 10–18.30 Uhr, Sonnabend 9.30–13 Uhr.

Naturkostsonne, Eppendorfer Weg 166, 20253 Hamburg, ☎ 4 22 44 03. Montag bis Freitag 8–18.30 Uhr, Sonnabend 8–14 Uhr.

Naturwaren Meyer, Straub & Co, Eppendorfer Weg 252, 20251 Hamburg, ☎ 4 22 40 19. Montag bis Freitag 9–19 Uhr, Sonnabend 8.30–14 Uhr.

Fischbek

Naturkost Janssen, Neugrabener Bahnhof 24, 21149 Hamburg, ☎ 7 02 57 75. Montag bis Mittwoch und Freitag 8–18 Uhr, Donnerstag 8–19 Uhr.

Hamm

Korn und Müsli, Lübecker Straße 137, 22087 Hamburg, ☎ 2 50 90 56. Montag bis Freitag 9.30–13.30 und 15.15–18.30 Uhr, Sonnabend 9–12.30 Uhr.

Hammer Park

Der Andere Weg, Moorende 29, 20535 Hamburg, ☎ 21 51 00. Montag, Dienstag 9–13 und 15–18 Uhr, Mittwoch 15–18 Uhr, Donnerstag, Freitag 9–18.30 Uhr, Sonnabend 9–12 Uhr.

Harburg

Bio-Insel, Julius-Ludowieg-Straße 32, 21073 Hamburg, ☎ 7 65 67 52. Montag bis Freitag 8–18.30 Uhr, Sonnabend 9–13.30 Uhr.

Warten auf die Bratpfanne

Vitamine tanken

Käse schließt den Magen

Oldenfelde

Heller's Naturkost, Alter Zollweg 192, 22147 Hamburg, ☎ 6 48 23 22. Montag bis Donnerstag 9–14 und 15–18 Uhr, Freitag 9–18 Uhr, Sonnabend 8–13 Uhr.

Löwenzahn, Bekassinenau 35a, 22147 Hamburg, ☎ 6 47 47 73. Montag bis Freitag 8–13.30 und 15–17.30 Uhr, Sonnabend 9–12.30 Uhr.

Ottensen

Achaldan, Bahrenfelder Straße 83, 22765 Hamburg, ☎ 3 94 86-0. Montag bis Mittwoch 10–18.30 Uhr, Donnerstag und Freitag 10–19 Uhr, Sonnabend 10–14 Uhr.

Evergreen, Arnoldstraße 45, 22765 Hamburg, ☎ 39 20 86. Montag bis Freitag 7–18.30 Uhr, Sonnabend 8.30–13.30 Uhr.

Naturköstlichkeiten, auch Bioweine und Veranstaltungen, Keplerstraße 2, 22765 Hamburg, ☎ 39 48 73. Montag bis Freitag 10–20 Uhr, Sonnabend 9.30–15 Uhr.

Yeo-men, Bahrenfelder Straße 169, 22765 Hamburg, ☎ 39 31 34. Montag bis Freitag 9–18.30 Uhr, Sonnabend 9–13.30 Uhr.

Poppenbüttel

Apfelbaum Naturkost und Naturwaren, Harksheider Straße 6c, 22417 Hamburg, ☎ 6 02 22 05. Montag bis Freitag 8.30–18.30 Uhr, Sonnabend 9–15 Uhr.

Rotherbaum

Naturkost Ceres, Grindelhof 85, 20146 Hamburg, ☎ 41 80 91. Montag bis Freitag 10–19 Uhr, Sonnabend 9–14 Uhr.

Schwarzbrot, Rutschbahn 5, 20146 Hamburg, ☎ 45 40 54. Montag bis Freitag 9.30–19 Uhr, Sonnabend 9.30–14 Uhr.

Sommervogel, Rentzelstraße 13, 20146 Hamburg, ☎ 45 66 76. Montag bis Freitag 9–18.30 Uhr, Sonnabend 9–13 Uhr.

Rissen

Naturkostladen, Wedeler Landstraße 53, 22559 Hamburg, ☎ 81 39 74. Montag bis Freitag 9–13 und 15–18 Uhr, Sonnabend 9–12.30 Uhr.

Schnelsen

Villa Sonnenschein, Bönningstedter Weg 42, 22457 Hamburg, ☎ 5 50 03 93. Montag, Dienstag, Donnerstag 15–20 Uhr, Mittwoch 17–20 Uhr, Freitag 9–13 und 15–20 Uhr, Sonnabend 10–16 Uhr.

Steilshoop
Mehlwurm, Lorichstraße 44, 22307 Hamburg, ☎ 6 30 99 24. Montag 9.30–12.30 Uhr, 14.30–18.30 Uhr, Sonnabend 9.30–13 Uhr.

Sternschanze
Kornmühle GmbH, Weidenallee 61, 20357 Hamburg, ☎ 4 39 83 21. Montag bis Freitag 9–18 Uhr, Sonnabend 9–13 Uhr.

Lolla Rossa, Marktstraße 131, 20357 Hamburg, ☎ 4 39 38 89. Montag bis Freitag 9–18.30 Uhr, Sonnabend 9–14 Uhr.

Vasconuevo, Schulterblatt 98, 20357 Hamburg, ☎ 4 30 26 83. Montag bis Freitag 9–18.30 Uhr, Sonnabend 9–13 Uhr.

Wilde Erdbeeren, Brigittenstraße 1, 20359 Hamburg, ☎ 43 57 54. Montag bis Freitag 10–18 Uhr, Sonnabend 9.30–13 Uhr.

Uhlenhorst
Essenz, Mozartstraße 23, 22083 Hamburg, ☎ 2 27 70 95. Montag bis Freitag 8–18.30 Uhr, Sonnabend 7–14 Uhr.

Volksdorf
Mensch und Erde, Weiße Rose 3, 22359 Hamburg, ☎ 6 03 76 03. Montag bis Freitag 9–18 Uhr, Sonnabend 9–13 Uhr.

Wandsbek
Die Vollkorn-Mühle, Walddörferstraße 115, 22047 Hamburg, ☎ 6 93 60 85. Montag bis Freitag 9–13.30 und 15–18 Uhr, Sonnabend 9–13 Uhr.

Winterhude

Winterhuder Naturkost, Preystraße 1, 22303 Hamburg, ☎ 2 70 59 55. Montag bis Donnerstag 9.30–18 Uhr, Freitag 9.30–18.30 Uhr, Sonnabend 9–13 Uhr.

Reformhäuser

Altona

Reformhaus Altona H. Meyer GmbH, Große Bergstraße 199, 22767 Hamburg, ☎ 38 81 54. Montag bis Freitag 8.30–18.30 Uhr, Sonnabend 8.30–14 Uhr.

Ammersbek

Reformhaus Ammersbek, Hamburger Straße 108, 22949 Ammersbek, ☎ 6 04 64 04. Montag bis Freitag 8.30–18 Uhr, Sonnabend 9–13 Uhr.

Barmbek

Reformhaus Fritz Blumenberg & Co., Fuhlsbüttler Straße 102, 22305 Hamburg, ☎ 6 91 38 68. Montag bis Freitag 9–18 Uhr, Sonnabend 9.30–13 Uhr.

Bahrenfeld

Reformhaus Fr. Bleicher, Waitzstraße 21, 22607 Hamburg, ☎ 89 34 08. Montag bis Freitag 8–13 und 15–18 Uhr, Sonnabend 8–12.30 Uhr.

Bergedorf

Reformhaus Hildegard Beermann, Bergedorfer Straße 156, 21029 Hamburg, ☎ 7 21 24 80. Montag bis Freitag 9–18 Uhr, Sonnabend 9–13 Uhr.

Berne

Reformhaus Bein, Hermann-Balk-Straße 118, 22147 Hamburg, ☎ 6 44 97 78. Montag, Mittwoch, Donnerstag 9–13 und 14.30–18 Uhr, Dienstag 9–18 Uhr, Freitag 8.30–18 Uhr, Sonnabend 9–13 Uhr.

Blankenese

Reformhaus Leopold Köppen, Blankeneser Bahnhofstraße 40, 22587 Hamburg, ☎ 86 06 36. Montag bis Freitag 8–19 Uhr, Sonnabend 8–13 Uhr.

Bornmoor

Reformhaus Elbgaustraße, Elbgaustraße 126, 22547 Hamburg, ☎ 84 31 48. Montag bis Freitag 8.30–18 Uhr, Sonnabend 8.30–13 Uhr.

Eidelstedt

Eidelstedter Reform- und Diäthaus, Eidelstedt Center, ☎ 5 70 92 25. Montag bis Mittwoch 9–19 Uhr, Donnerstag und Freitag 9–20 Uhr, Sonnabend 9–16 Uhr.

Eppendorf

Reformhaus Engelhardt, Eppendorfer Baum 9, 20249 Hamburg, ☎ 47 72 01. Montag bis Freitag 9–20 Uhr, Sonnabend 9–16 Uhr.

Eimsbüttel

Reformhaus Schröder, Osterstraße 146, 20255 Hamburg, ☎ 49 32 12. Montag bis Freitag 8–19 Uhr, Sonnabend 8–16 Uhr.

Ziesmer, Osterstraße 26, 20259 Hamburg, ☎ 40 71 75. Montag bis Freitag 9–13 und 14.30–18.30 Uhr, Sonnabend 9–13 Uhr.

Farmsen

Reformhaus Sigrun, EKT Farmsen, Berner Heerweg 175, 22159 Hamburg, ☎ 6 43 11 40. Montag bis Freitag 9–20 Uhr, Sonnabend 9–16 Uhr.

Fuhlsbüttel

Reformhaus Theresa Hartwig, Etzestraße 60, 22335 Hamburg, ☎ 59 65 14. Montag bis Freitag 8.30–13 und 14.30–18 Uhr, Sonnabend 8.30–12.30 Uhr.

Garstedt

Reformhaus Engelhardt, HEROLD CENTER, 22850 Hamburg, ☎ 52 87 70 11. Montag bis Freitag 9–20 Uhr, Sonnabend 9–16 Uhr.

Groß-Borstel

Reformhaus Theresa Hartwig, Borsteler Chaussee 114, 22453 Hamburg, ☎ 5 11 38 36. Montag bis Freitag 9–13 und 14.30–18 Uhr, Sonnabend 9–12.30 Uhr.

Hammer Park

Reformhaus Silke Vetter, Carl-Petersen-Straße 99, 20535 Hamburg, ☎ 21 55 72. Dienstag bis Donnerstag 9–13 und 15–18 Uhr, Freitag 9–18 Uhr, Sonnabend 9–12 Uhr.

Harburg

Reformhaus Fritz Fellisch, Inhaberin Isolde Duggal, Hölertwiete 4, 21073 Hamburg, ☎ 77 32 60. Montag bis Freitag 9–18 Uhr, Sonnabend 9–13 Uhr.

Langenhorn

Reformhaus Naturpark, Langenhorner Markt 13a, 22415

Hamburg, ☎ 5 33 96 67. Montag bis Freitag 9–18.30 Uhr, Sonnabend 8.30–14 Uhr.

Lohbrügge
Reformhaus Hildegard Beermann, Alte Holstenstraße 11, 21031 Hamburg, ☎ 7 21 12 39. Montag bis Freitag 8.30–18.30 Uhr, Sonnabend 8–13.30 Uhr.

Neugraben
Reformhaus Neugraben, Marktpassage 1, 21149 Hamburg, ☎ 7 02 21 77. Montag bis Freitag 8.30–18 Uhr, Sonnabend 8.30–13 Uhr.

Norderstedt
Reformhaus Schmuggelstieg, Schmuggelstieg 5, 22848 Norderstedt, ☎ 5 29 61 06. Montag bis Donnerstag 9–13 und 14–18 Uhr, Freitag 9–18 Uhr, Sonnabend 8.30–13 Uhr.

Niendorf
Heudorfer Reformhaus, Tibarg 21, 22459 Hamburg, ☎ 58 18 97. Montag bis Freitag 8.30–18 Uhr, Sonnabend 9.30–14 Uhr.

Ottensen
Reformhaus Engelhardt, Mercado-EKZ, 22765 Hamburg, ☎ 39 90 55 91. Montag bis Freitag 9–20 Uhr, Sonnabend 9–16 Uhr.

Poppenbüttel
Reformhaus Engelhardt, AEZ-Basement, 22391 Hamburg, ☎ 6 02 28 14. Montag bis Freitag 9–20 Uhr, Sonnabend 9–16 Uhr.

Rahlstedt

Reformhaus Bein GmbH, Rahlstedter Bahnhofstraße 6, 22143 Hamburg, ☎ 6 77 25 35. Montag, Dienstag, Donnerstag, Freitag 8.30–18.30 Uhr, Sonnabend 8–14 Uhr.

Sasel

Reformhaus Sasel, Saseler Markt 12, 22393 Hamburg, ☎ 6 01 97 66. Montag bis Freitag 8.30–13 und 14.30–18 Uhr, Sonnabend 8–13 Uhr.

Schenefeld

Gronau, Reformwaren, Stadtzentrum, 22869 Schenefeld, ☎ 8 30 24 68. Montag bis Freitag 9.30–20 Uhr, Sonnabend 9.30–16 Uhr.

Schnelsen

Reformhaus Schnelsen, Frohmestraße 6, 22457 Hamburg, ☎ 5 50 86 71. Montag bis Freitag 9–18 Uhr, Sonnabend ab 8.30 – nach Bedarf.

St. Georg

Reformhaus Struckmann, Lange Reihe 66, 20099 Hamburg, ☎ 24 13 33. Montag bis Freitag 9–18 Uhr, Sonnabend 9–13 Uhr.

Wandsbek

Reformhaus Engelhardt, QUARREE 8–10, 22041 Hamburg, ☎ 6 52 50 59. Montag bis Freitag 9–20 Uhr, Sonnabend 9–16 Uhr.

Volksdorf

Walddörfer Reformhaus Susanne Lori GmbH, Im Alten

Dorfe 31, 22359 Hamburg, ☎ 6 03 55 05. Montag bis Freitag 8.30–18 Uhr, Sonnabend 8.30–13 Uhr.

Bioschlachter

Metzgerei Lindner, Stübeheide 155, 22337 Hamburg, ☎ 50 32 21. Montag bis Freitag 8–13 und 14.30–18 Uhr, Sonnabend 8–13 Uhr.

Heiner Fricke, Rudolf-Klug-Weg 9, 22455 Hamburg, ☎ 5 55 36 46. Dienstag bis Donnerstag 9–13 und 14–18 Uhr, Freitag 8.30–13 und 14–18 Uhr, Sonnabend 8.30–12.30 Uhr. Montag Ruhetag.

Moritz, Hofschlachterei Gut Wulfsdorf, Bornkampsweg 39, 22926 Ahrensburg, ☎ 0 41 02/5 11 09, Hofladen ☎ 0 41 02/3 25 87. Montag 14.30–18 Uhr, Dienstag bis Freitag 9–13 und 14.30–18 Uhr, Sonnabend 8.30–13 Uhr.

Ökomärkte

Bergedorf
Alte Holstenstraße, Donnerstag 13–19 Uhr.

Billstedt
Parkplatz Kulturpalast, Öjendorfer Weg, Mittwoch 8–13 Uhr.

Blankenese
Blankeneser Bahnhofstraße, Mittwoch 9–13 Uhr.

Eimsbüttel
Bei der Apostelkirche, Donnerstag 14–18 Uhr.

Harburg
Marktplatz Sand, Mittwoch 15–18 Uhr.

Nienstedten
Nienstedter Marktplatz, Freitag 9–12.30 Uhr.

Ottensen
Spritzenplatz, Mittwoch 15–18.30 Uhr, Sonnabend 10–14 Uhr.

Rahlstedt
Bahnhofsvorplatz, Donnerstag 9–12.30 Uhr.

Schenefeld
Stadtzentrum Vorplatz, Dienstag 14–18 Uhr, Freitag 10–18 Uhr.

Wandsbek
Marktfläche Quarrée, Donnerstag 15–18 Uhr.

Winterhude
Winterhuder Marktplatz, Freitag 14.30–18.30 Uhr.

Wochenmärkte (eine Auswahl)

Altona
St. Pauli Fischmarkt, sonn- und feiertags 15. März bis 15. November: 5–9.30 Uhr, 16. November bis 14. März: 7–9.30 Uhr.

Blankenese
Blankeneser Bahnhofstraße, Dienstag 8–14 Uhr, Freitag 8–18 Uhr, Sonnabend 8–13 Uhr.

Harvestehude
Isestraße, Donnerstag 8.30–14 Uhr.

Neustadt
Großneumarkt, Mittwoch und Sonnabend 8.30–13.30 Uhr.

Ottensen
Spritzenplatz, Freitag 8–18.30 Uhr.

Poppenbüttel
Poppenbütteler Markt, Freitag 14–18.30 Uhr.

Rotherbaum
Turmweg, Donnerstag 8.30–14 Uhr.

Volksdorf
Kattjahren/Halenreie, Mittwoch und Sonnabend 8–13 Uhr.

Winterhude
Goldbekufer, Dienstag, Donnerstag und Sonnabend 8.30–13 Uhr.

Lieferdienste

Bioland-Hof Dieter Cordes & Gudula Paulitschek, Schwerpunkt Tierhaltung, Wulfsdorfer Weg 31, 22949 Hoisbüttel, ☎ 6 05 10 93. Liefergebiete: Bergstedt, Hoisbüttel, Sasel, Volksdorf und Bramfeld.

DIE GRÜNE KISTE, Gemüse und Obst, Gut Wulfsdorf, Bornkampsweg 39, 22926 Ahrensburg, ☎ 0 41 02/5 74 31, Fax 0 41 02/5 74 96. Liefergebiet: Hamburgs Norden und Osten inklusive Norderstedt, Ahrensburg, Großhansdorf; Groß-Borstel, Lokstedt, Eimsbüttel, Eppendorf, Harvestehude, Rotherbaum. Waren: Gemüse, Obst, Eier, Brot.

Gärtnerei Sannmann, regionales und saisonales Gemüse, Ochsenwerder Norderdeich 50, 21037 Hamburg, ☎ 73 71 21 33. Liefergebiet: nördlich der Elbe.

Naturkost Abo-Service Dirk Lehmann, ein fahrender Bioladen, Hauptstraße 62/75, 22967 Tremsbüttel, ☎ 0 45 32/26 08 07, Fax 0 45 32/2 37 34. Liefergebiet Hamburg, Stormarn, Lübeck. Waren: Obst und Gemüse sowie umfassendes Naturkostsortiment.

Senfkorn Naturkost, Abo-Kiste und Lieferservice, Weißenburger Straße 1–3, 22049 Hamburg, ☎ 61 22 96.

Liefergebiet: ganz Hamburg. Waren: Vollsortiment eines Naturkostladens.

Süßmosterei Paul Schmidt, alkoholfreie Getränke, ungezuckerte Säfte, Dorfstraße 28, 23863 Nienwohld, ☎ 0 45 37/2 50, Fax 0 45 37/17 36. Liefergebiet: Hamburger Stadtgebiet nördlich der Elbe einschließlich Stadtrandgebiete und Stormarner Raum. Ansonsten Belieferung auf Anfrage.

UTENO, Hamburger Öko-Weinkontor, Heidblick 3A, 21149 Hamburg, ☎ 7 02 54 82. Liefergebiete: ganz Hamburg. Außerdem auf den Ökomärkten (s. S. 161) in Blankenese, Eimsbüttel, Harburg, Nienstedten, Schenefeld und Winterhude.

Wohldorfer Hof, Milch, Herrenhausallee 8, 22397 Hamburg, ☎ 60 76 17 47, Liefergebiet: Walddörfer und Alstertal.

BIOHÖFE

Gärtnerhof am Stüffel

Der Gärtnerhof am Stüffel wurde 1987 gegründet. Schulabgänger der Bergstedter Christophorus-Schule, einer Waldorfschule für heilende Erziehung, finden hier Lehrstellen und Arbeitsplätze.

Lage: Im Norden Hamburgs zwischen Poppenbüttel und Volksdorf in Bergstedt.

Fahrrad-Anreise: U1 bis Buckhorn, dann Volksdorfer Damm Richtung Bergstedt bis Stüffel.

Bus-/Bahn-Anreise: S1/S11 bis Poppenbüttel oder U1 bis Volksdorf, dann Bus 173 bis Bergstedt Markt.
HVV-Info: ☎ 1 94 49

Auto-Anreise: B434, Bergstedter Chaussee, Volksdorfer Damm, Stüffel.

Ladenverkauf: Gemüse und Obst aus eigener Produktion, ergänzt durch Produkte anderer ökologisch wirtschaftender Betriebe. Molkereiprodukte, Eier, Wurstwaren und Tofu,

Brot, Brötchen und Gebäck, Getreide, Brotaufstrich, Fleisch und Geflügel.

Hofladen am Stüffel, Stüffel 12, 22395 Hamburg, ☎ 6 04 80 23. Montag bis Freitag 8–17 Uhr, Sonnabend 8–13 Uhr.

Gut Wulfsdorf

Das Gut Wulfsdorf wurde 1910 erbaut. Seit 1993 ist es ein Demeter-Betrieb. Es ist im Besitz der Stadt Hamburg. Auf 270 ha Fläche wird traditionelle Landwirtschaft betrieben.

Lage: Es liegt am Stadtrand von Hamburg in Ahrensburg.

Fahrrad-Anreise: U1 bis Haltestelle Buchenkamp, dann 3 Minuten Fahrradstrecke über Moorbekweg, rechts in den Wulfsdorfer Weg bis zum Hof.

Bus-/Bahn-Anreise: U1 bis Haltestelle Buchenkamp, dann 15 Minuten Fußweg über Moorbekweg, rechts in den Wulfsdorfer Weg bis zum Hof.
HVV-Info: ☎ 1 94 49

Auto-Anreise: B75 Hamburger Straße Richtung Ahrensburg, links abbiegen in den Bornkampsweg.

Ladenverkauf: Fleisch und Geflügel direkt vom Hof. Milch zum Selbstabfüllen, Käse, Quark, Joghurt, saure Sahne, Obst, Gemüse, Eier, Brot.

Gut Wulfsdorf, Bornkampsweg 39, 22926 Ahrensburg, ☎ 0 41 02/5 11 09, Fax 0 41 02/3 25 89. Hofladen: ☎ 0 41 02/3 25 87. Montag 14.30–18 Uhr, Dienstag bis Freitag 9–13 und 14.30–18 Uhr, Sonnabend 8.30–13 Uhr.

Außerdem Marktstände:

- Ökowochenmarkt Blankenese, Mittwoch 9–13 Uhr.
- Ökowochenmarkt Altonaer Spritzenplatz, Mittwoch 15–18.30 Uhr.
- Ökowochenmarkt Rahlstedt Bahnhof, Donnerstag 9–12.30 Uhr.
- Ökowochenmarkt Wandsbek Quarrée, Donnerstags 14.30–18 Uhr.
- Marktstand Rudolf Steiner Schule Farmsen, Freitags 9.30–12.30 Uhr (nicht in den Schulferien!).

Gut Wulksfelde

Die Eco-Region GmbH bewirtschaftet seit 1989 das Gut Wulksfelde. Auf 250 ha Fläche wird traditionelle Landwirtschaft betrieben.

Lage: Hamburg-Tangstedt.

Fahrrad-Anreise: U1 bis Haltestelle Ohlstedt, dann 20 Fahrradminuten Alte Dorfstraße, Timms Hege, Bredenbekstraße, Alsterblick,

Schleusenredder, Duvenstedter Damm, Lohe, Wulksfelder Damm.

Bus-/Bahn-Anreise: U1 bis Ohlstedt, Bus 276 bis Haltestelle Lohe, dann 25 Minuten Fußweg Lohe, Wulksfelder Damm.
HVV-Info: ☎ 1 94 49

Auto-Anreise: B432 Segeberger Chaussee, Puckaffer Weg rechts einbiegen, Lohe links abbiegen, dann Wulksfelder Damm. Oder B434 Bergstedter Chaussee, in den Wohldorfer Damm einbiegen, an der Bergstedter Kirche vorbei rechts hochfahren, Bredenbekstraße, Alsterblick, Schleusenredder, Duvenstedter Damm, Lohe, Wulksfelder Damm.

Ladenverkauf: Die Mitarbeiterinnen und Mitarbeiter bauen im Einklang mit der Natur Kartoffeln, Getreide und Gemüse an. Sie halten ihre Tiere artgerecht und bieten Fleisch und Eier an. Ihre Produkte verkaufen sie direkt im hofeigenen Laden. Sie wollen anderen Bauern Mut machen, ihre Höfe umzustellen, weil sie meinen, nur viele ökologisch arbeitende Betriebe können immer mehr Menschen mit guten, gesunden Nahrungsmitteln versorgen.

Gut Wulksfelde, Wulksfelder Damm 15–17, 22889 Hamburg, ☎ Hofladen: 6 07 12 03, ☎ Gutsverwaltung: 6 07 02 05.

Hof Lütjensee

Auf insgesamt 1500 ha in Mecklenburg und Schleswig-Holstein wirtschaftet Hof Lütjensee nach ökologischen Richtlinien.

Lage: In Lütjensee, östlich von Hamburg.

Fahrrad-Anreise: U1 bis Großhansdorf, dann Eilbergweg, Hoisdorfer Landstraße, Achtern Diek, Kruetz, Bahnhofstraße. Auf Höhe Am Bosselbohm/Ladestraße weiter Radwanderweg Richtung Lütjensee durch den Staatsforst Trittau, dann Königsberger Straße, Königsberger Försterkoppel bis Alte Schulstraße.

Bus-/Bahn-Anreise: U1 bis Großhansdorf, Bus 369 bis Lütjensee Kreuzung, dann zu Fuß Hamburger Straße, Königsberger Straße, Königsberger Försterkoppel bis Alte Schulstraße.
HVV-Info: ☎ 1 94 49

Auto-Anreise: A1 Abfahrt Ahrensburg, dann Hauptstraße, Alte Landstraße, Sieker Berg, Fuhrwegen, Sieker Landstraße, Hamburger Straße bis Alte Schulstraße in Lütjensee.

Ladenverkauf: Mit seinem Hof Lütjensee engagiert sich Brillenkönig Günther Fielmann für eine Landwirtschaft ohne Pestizide und ohne medikamentengestützte Massentierhaltung. Durch den direkten Weg zum Verbraucher soll gesunde Nahrung nicht nur für Wohlhabende erschwinglich sein, sondern auch für normale Familien, die frische Milch und chemiefreies Brot essen möchten.

✉ Hof Lütjensee, Bioland-Mitglied, Alte Schulstraße 13, 22952 Lütjensee. ☎ 0 41 54/7 53 94. Montag bis Freitag 9–18 Uhr, Sonnabend 8–13 Uhr.

Grünes Engagement des Brillenkönigs

Hohenbuchen

Der Verein Hohenbuchen ist anerkannter Bioland-Betrieb und Schulungszentrum für naturgemäßen Land- und Gartenbau. Das auf 4 ha Land organisch-biologisch angebaute Obst und Gemüse wird ab Hof verkauft.

Lage: Im Norden Hamburgs am Oberlauf der Alster in Poppenbüttel.

Fahrrad-Anreise: Alsterwanderweg (s. S. 65) ab S1/11 Poppenbüttel bis Hohenbuchen (Höhe Maike-Harder-Weg).

Bus-/Bahn-Anreise: S1/11 bis Poppenbüttel oder U1 bis Ohlstedt, dann Bus 276 bis Haltestelle Maike-Harder-Weg.
HVV-Info: ☎ 1 94 49

Auto-Anreise: Saseler Damm, Poppenbütteler Weg, Poppenbütteler Hauptstraße bis zur Einfahrt gegenüber dem Maike-Harder-Weg.

Ladenverkauf: Mit naturnahen Anbauweisen soll die Dauerfruchtbarkeit des Bodens erhalten bleiben. Erntefrisches hofeigenes Gemüse und Obst, Beerenfrüchte, Kartoffeln, Honig, Blumensträucher werden der Jahreszeit gemäß verkauft. Darüber hinaus veranstaltet der Verein kostenlose Schulungen.

Hohenbuchen – Schulungszentrum für Naturgemäßen Land- und Gartenbau (SNLG) e.V., Poppenbütteler Hauptstraße 46, 22399 Hamburg, ☎ 6 02 07 33. Sonnabends 10–13 Uhr. Schulungen: jeden zweiten Sonnabend im Monat 15–17 Uhr, vorher besser anfragen unter ☎ 5 38 44 80.

Kleidung, Körperpflege und Kosmetik: Haut und Natur

Chemische Substanzen in Kleidung, Shampoo und Hautcremes haben uns auf den ersten Blick viele Vorteile beschert: Regenfeste und atmungsaktive Jacken schützen uns vor Wolkenbrüchen, ohne Schweiß zu fordern, Shampoos verleihen dünnem Haar Festigkeit und machen volles Haar geschmeidig, und der Duft mancher Creme schmeichelt unserer Haut. Aber all das kann auch krank machen. Sie müssen nicht erst auf die erste Hautallergie warten, um sich die Natur in den Kleiderschrank oder ins Badezimmer zu holen. Schließlich ist nicht jedes Kribbeln, das unter die Haut geht, angenehm. Anders als die Lebensmittelindustrie kennzeichnen Kosmetikfirmen ihre Zutaten in der Regel eher dürftig aus. Und das, obwohl etwa 180 Farbstoffe und rund 60 Konservierungsmittel in Kosmetika zugelassen sind. Die Verbraucherinnen und Verbraucher müssen sich also selbst schützen. Fachgeschäfte helfen Ihnen dabei.

KLEIDUNG

Bergstedt
Augenweide, Rodenbeker Straße 13, 22395 Hamburg, ☎ 6 04 93 67. Montag bis Freitag 10–13 und 15–18 Uhr, Sonnabend 10–13 Uhr.

Dammtor
Linnhus Naturtextilien, Colonnaden 37, 20354 Hamburg, ☎ 34 12 42. Montag bis Freitag 10–19 Uhr, Sonnabend 10–16 Uhr.

Iserbrook
Signatur Naturwaren, Sülldorfer Landstraße 39, 22589 Hamburg, ☎ 8 70 36 48. Montag bis Freitag 10–13 und 15–18 Uhr, Sonnabend 10–13 Uhr.

Ottensen
Naturschön, Ottenser Hauptstraße 64, 22765 Hamburg, ☎ 3 90 17 00. Montag bis Freitag 10–18.30 Uhr, Sonnabend 10–14 Uhr.

Rotherbaum
MARLOWE nature, Beim Schlump 5, 20144 Hamburg, ☎ 44 80 93 37. Montag bis Freitag 10–19 Uhr, Sonnabend 10–16 Uhr.

FRISEURE

Ahrensburg
Friseur Jürgen Zabel, naturreine Pflanzenhaarfarben, Löhe 2, 22926 Ahrensburg, ☎ 0 41 02/5 11 15. Dienstag bis Freitag 8–19 Uhr, Sonnabend 8–14 Uhr, Montag Ruhetag.

Volksdorf
Friseur Uwe Brockmöller, Wiesenhöfen 7, 22359 Hamburg, ☎ 6 03 40 49. Dienstag bis Freitag 8.30–18 Uhr, Sonnabend 8.30–12.30 Uhr, Montag Ruhetag.

Eine Augenweide: Natürlich Schönes

KÖRPERPFLEGE UND KOSMETIK

Rotherbaum

Sommervogel, Rentzelstraße 13, 20146 Hamburg, ☎ 45 66 76. Montag bis Freitag 9–18.30 Uhr, Sonnabend 9–13 Uhr.

Spinnrad, Grindelallee 42, 20146 Hamburg, ☎ 4 10 60 96. Montag bis Freitag 9.30–20 Uhr, Sonnabend 9.30–16 Uhr.

Restaurants: Tips für eingefleischte Vegetarier

Eingefleischte Vegetarier wissen es längst: Wer fleischlos lebt, lebt meist gesünder. Schließlich steht der Mensch, der Fleisch verzehrt, am Ende einer Nahrungskette, in der erst Pflanzen, dann Tiere Umweltschadstoffe zu sich nehmen. Und die eine oder andere raffiniert gewürzte Gemüsefrikadelle hat schon die überzeugtesten Fleischesser bekehrt. Hinzu kommt, daß manch eine/r keine Tiere töten möchte – weder direkt noch indirekt. Vegetarisch essen bedeutet allerdings mehr als einfach nur das Fleisch weglassen. Hamburgs vegetarische Restaurants legen sich kräftig ins Zeug, um ihre Gäste mit fleischlosen Leckerbissen zu verwöhnen.

Eppendorf

Goldene Oase, Eppendorfer Baum 34, 20249 Hamburg, ☎ 48 38 01. Montag bis Sonntag 12-22 Uhr, Ruhetag: 25. Dezember.

Tassajara, Eppendorfer Landstraße 4, 20249 Hamburg, ☎ 48 38 90, Montag bis Sonntag 18–24 Uhr.

Laska's, Geschwister-Scholl-Straße 44, 20251 Hamburg, ☎ 4 60 61 15. Montag bis Sonntag 10.30–24 Uhr.

Hammer Park

Blattgrün, Carl-Petersen-Straße 99, 20535 Hamburg, ☎ 21 73 67. Dienstag bis Sonnabend 12–18 Uhr, Sonntag und Montag Ruhetag.

Rotherbaum

Gesund Essen, Bundesstraße 6, 20146 Hamburg, ☎ 45 13 24. Mittwoch bis Montag 12–15 und 18–23 Uhr (Küche bis 22 Uhr), sonntags Brunch 11–15 Uhr, Dienstag Ruhetag.

Pavillon Café Luminis, Mittelweg 145, 20148 Hamburg, ☎ 45 57 58. Montag bis Sonnabend 9.30–22 Uhr, Sonntag 10–21 Uhr.

St. Georg

Café Koppel, Koppel 66/Lange Reihe 75, 20099 Hamburg, ☎ 24 92 35. Montag bis Sonntag 10–22 Uhr.

Sternschanze

Zorba The Buddha, Karolinenstraße 7–9, 20357 Hamburg, ☎ 4 39 47 62. Montag bis Sonntag 12–24 Uhr.

Winterhude

Winterhuder Kaffeehaus, Winterhuder Markt 16, 22299 Hamburg, ☎ 47 82 00. Montag bis Sonnabend 9–24 Uhr, Sonntag 10–24 Uhr.

Spielzeug: Natürlich aus Holz

Plastikspielzeug soll hier nicht grundsätzlich verteufelt werden. So mancher Maurer und so manche Architektin hat wahrscheinlich mit Legosteinen angefangen. Aber ist es nicht ärgerlich, wenn das Plastikauto nicht mehr zu gebrauchen ist, weil ein winziges Teil abgebrochen ist? Es kann nicht mehr angesetzt werden. Ein Pferd aus Plastik mag oft echter aussehen als eines aus Holz. Meist ist es auch billiger. Aber ist es nicht schön, wenn Kinder ein Gefühl für Naturmaterialien bekommen, wenn sie Holz begreifen, riechen, schmecken? Außerdem ist weniger bekanntlich mehr. Weniges qualitativ hochwertiges Spielzeug ist in jedem Fall besser als ein Kinderzimmer voller Billigwaren.

Dehnhaide
Breuhahn, Fuhlsbüttler Straße 38, 22305 Hamburg, ☎ 2 99 22 60. Montag bis Freitag 10–18 Uhr, Sonnabend 10–13 Uhr.

Eppendorf
Pinocchio, Lehmweg 43, 20146 Hamburg, ☎ 48 18 93. Montag bis Freitag 10–18 Uhr.

Norderstedt

Abraxas Holzspielzeug, Am Bahnhof Ochsenzoll, Schmuggelstieg 5, 22848 Norderstedt, ☎ 5 29 64 35. Montag bis Freitag 9–13 und 14.30–18.30 Uhr, Sonnabend 9–13 Uhr.

Rahlstedt

Spielschiff, Rahlstedter Straße 150h, 22143 Hamburg, ☎ 6 77 62 65. Montag bis Freitag 10–13 und 15–18 Uhr, Sonnabend 10–13 Uhr.

Rotherbaum

Das Spiel, Rentzelstraße 4, 20146 Hamburg, ☎ 44 86 87. Montag bis Freitag 10–20 Uhr, Sonnabend 10–16 Uhr.

Pappnase & Co., Grindelallee 92, 20146 Hamburg, ☎ 44 97 39. Montag, Dienstag, Mittwoch 10–18.30 Uhr, Donnerstag, Freitag 10–19 Uhr, Sonnabend 10–15 Uhr.

Sternschanze

Spielzeugladen »Die Druckerei«, Schanzenstraße 6, 20357 Hamburg, ☎ 4 39 68 32. Montag bis Donnerstag 9.30–14 und 15–18 Uhr, Freitag 9.30–14 und 15–18.30 Uhr, Sonnabend 10–14 Uhr.

Winterhude

Regenbogen Holzspielwaren am Goldbekplatz, Semperstraße 8, 22303 Hamburg, ☎ 2 79 52 33. Montag bis Freitag 9.30–13.30 und 14.30–18 Uhr, Sonnabend 9.30–13.30 Uhr.

Verbände, Initiativen, Unternehmen: Wissen und Handeln

Allgemeiner Deutscher Fahrrad-Club, Landesverband Hamburg, Arnoldstraße 63, 22763 Hamburg, ☎ 39 39 33.

Arbeitsgemeinschaft für klassische Akupunktur und traditionelle chinesische Medizin e.V., Herbert Vater, empfiehlt Hamburger Ärzte, Badeallee 2, 25832 Tönning, ☎ 0 48 61/18 10, Fax 0 48 61/18 19.

B.A.U.M., Bundesdeutscher Arbeitskreis für umweltbewußtes Management e.V., Tinsdaler Kirchenweg 211, 22559 Hamburg, ☎ 81 01 01, Fax 81 01 26.

Botanischer Verein zu Hamburg, Verein für Naturkunde, Naturschutz und Landschaftspflege, Op de Elg 19a, 22393 Hamburg, ☎ 6 01 60 53, Fax 6 00 71 60.

BUKO, Bundeskongreß entwicklungspolitischer Aktionsgruppen, Bundesweites Netzwerk von Dritte-Welt-Solidaritätsgruppen, Nernstweg 32–34, 22765 Hamburg, ☎ 39 31 56. BUKO Agrar Koordination, ☎ 39 25 26, Fax 3 90 75 20.

Bund gegen den Mißbrauch der Tiere e.V., Lokstedter Grenzstraße 7, 22527 Hamburg, ☎ 5 89 46 15.

BUND, Landesgeschäftsstelle, Lange Reihe 29, 20099 Hamburg, ☎ 24 44 11, Fax 2 80 19 46. GRÜNES TELEFON: 24 44 12.

Bundesforschungsanstalt für Forst- und Holzwirtschaft, Leuschnerstraße 91, 21031 Hamburg, ☎ 7 39 62-1, Fax 7 39 62-4 80, Bibliothek: Montag bis Freitag 8.30–16 Uhr.

Bundesforschungsanstalt für Fischerei, Palmaille 9, 22767 Hamburg, ☎ 3 89 05-0, Fax 3 89 05–1 28, Bibliothek: Montag bis Freitag 10–12 Uhr, Montag bis Donnerstag 13–16 Uhr, Freitag 13–15 Uhr.

Bundesverband Solarmobil e.V., Kiefernberg 51, 21075 Hamburg, ☎ 7 92 93 29.

Deutsche Gesellschaft für Umwelterziehung e.V., Frauenthal 25, 20149 Hamburg, ☎ 4 10 69 21.

Deutsche Umwelthilfe e.V., Landesverband Hamburg/Schleswig-Holstein, Lange Reihe 29, 20099 Hamburg, ☎ 24 30 90, Fax 2 80 48 56.

DJN (Deutscher Jugendbund für Naturbeobachtung), Justus-Strandes-Weg 14, 22337 Hamburg, ☎ 50 67 64.

Fachverband Deutscher Heilpraktiker, Landesverband Hamburg e.V., Heilpraktikerschule, Borsteler Chaussee 25, 22453 Hamburg, ☎ 25 75 75 (Montag, Dienstag, Donnerstag 10–14 Uhr).

Förderverein Umweltschutz Unterelbe, Hohenesch 63, 22765 Hamburg, ☎ 3 90 61 67.

Forum Klimabündnis, c/o Norbert Georg, Am Bramfelder Zoll 15, 22179 Hamburg, ☎ 6 92 91 74.

Gesellschaft zum Schutz der Meeressäugetiere e.V., Möhlmannweg 2, 22587 Hamburg, ☎ 86 87 74, Fax 86 65 00 22.

Greenpeace e.V., Große Elbstraße 39, 22767 Hamburg, ☎ 3 06 18-0.

Hamburger Tierschutzverein von 1841 e.V., Süderstraße 399, 20537 Hamburg, ☎ 21 11 06-0.

HWW, Hamburger Wasserwerke, Info-Treff zum Wassersparen, Rathausstraße 12, 20095 Hamburg, ☎ 78 88-25 55, Fax 78 88-27 01.

Institut für angewandte Biologie e.V., Nernstweg 22, 22765 Hamburg, ☎ 3 90 51 48.

Landesbund der Gartenfreunde, Informationen zu Kleingärten, Fuhlsbüttler Straße 790, 22337 Hamburg, ☎ 5 00 56 40.

L.A.U.B., Landesverband für Umweltberatung Hamburg e.V., Christian-Förster-Straße 19, 20253 Hamburg, ☎ 40 40 05, Fax 4 92 21 38.

NABU, Naturschutzbund Deutschland e.V., Habichtstraße

125, 22307 Hamburg, ☎ 61 66 64, 69 70 89-0, Fax 6 90 10 30.

Naturschutzamt, Billstraße 84, 20539 Hamburg, ☎ 7 88 00.

Nutzmüll e.V., Mendelssohnstraße 13, 22761 Hamburg, ☎ 8 90 31 11 und 89 13 45, Fax 89 53 97.

Parteien der Hamburger Bürgerschaft: BÜNDNIS 90/DIE GRÜNEN/GAL, ein Finanzrat der Organisation fördert auf Antrag und nach Überprüfung Hamburger Umweltprojekte, Bahrenfelder Straße 244 (4. Stock), 22765 Hamburg, ☎ 39 92 52-0, Fax 3 90 46 62. CDU, Leinpfad 74, 22299 Hamburg, ☎ 4 60 10 11, Fax 47 40 89. SPD, Kurt-Schumacher-Haus, Kurt-Schumacher-Allee 10, ☎ 28 08 48-0, Fax 28 08 48-18.

Rettet den Regenwald e.V., Pöseldorfer Weg 17, 20148 Hamburg, ☎ 4 10 38 04, Fax 4 50 01 44.

Rettet die Elbe e.V., Nernstweg 22, 22765 Hamburg, ☎ 39 30-01.

Rettet die Elefanten Afrikas e.V., Rothenbaumchaussee 60, 20148 Hamburg.

Robin Wood e.V., Nernstweg 32, 22765 Hamburg, ☎ 3 90 95 56, Fax 39 28 48.

Schutzgemeinschaft Deutscher Wald, Lokstedter Holt 46, 22453 Hamburg, ☎ 58 69 27, Fax 58 79 52.

Schwarzmarkt, Kleiner Schäferkamp 46, 20357 Hamburg, ☎ 44 60 95.

SMS – Internationale Gesellschaft für chinesische Medizin, Dr. Med Ralph-Peter Schink, Hochallee 11, 20146 Hamburg, ☎ 4 50 28 17.

Sport mit Einsicht e.V., Brahmsallee 31, 20144 Hamburg, ☎ 42 91-22 33.

Staatliche Vogelschutzwarte, ☎ 78 80-22 26.

Stadtreinigung Hamburg, Bullerdeich 19, 20537 Hamburg, Info-Dienst und Abfallberatung, ☎ 2 51 33 51, Sperrmüll, ☎ 54 73 54-0, Fax 5 49 96 27, aktuelle Ansagen, ☎ 25 90 58.

StattAuto Hamburger CarSharing GmbH, Koppel 34–36, 20099 Hamburg, ☎ 2 27 94 92.

Stiftung Naturschutz Hamburg und Stiftung zum Schutz gefährdeter Pflanzen, Steintorweg 8, 20099 Hamburg, ☎ 24 34 43.

HH-Tierschutzjugend, c/o Monnet-Cuther, ☎ 7 24 45 43.

Umschalten e.V., Verein für umweltschonende Energiegewinnung, Nernstweg 32, 22765 Hamburg, ☎ und Fax 39 40 78.

Umweltbehörde, Billstraße 84, 20539 Hamburg, ☎ 78 80-0.

Umweltmedizinische Beratungsstelle der Behörde für Arbeit, Gesundheit und Soziales, ☎ 78 96 45 50/52.

Umwelttelefon, Beratung und Schadensmeldungen, ☎ 34 11 11, Ansagedienst, ☎ 78 80-24 24.

Umweltzentrum Karlshöhe, Träger: Freie und Hansestadt Hamburg, Seminare für Familien, Kinder, Jugendliche, Lehrer/innen, Erzieher/innen, Multiplikatoren, Karlshöhe 60 d, 22175 Hamburg, ☎ 6 40 20 19, Fax 6 40 20 93.

Verbraucher-Zentrale Hamburg e.V., Kirchenallee 22, 20099 Hamburg, ☎ 2 48 32-0, Umwelt -2 60.

Vier- und Marschlande: Blumen und Gemüse vom Erzeuger

Die Vierlande sind Neuen- und Altengamme, Curslack und Kirchwerder. Hier werden Blumen und Gemüse angebaut.

Lage: Im Süden Hamburgs, südlich von Bergedorf.

Fahrrad-Anreise: S2 bis Bergedorf. Dann Bergedorfer Straße, Vierlandenstraße, Curslacker Neuer Deich, Curslacker Deich vorbei am Freilichtmuseum Rieckhaus bis Curslack. Weiter Curslacker Deich, Altengammer Hausdeich, Altengammer Elbdeich bis Altengamme. Weiter Altengammer Hauptdeich, Neuengammer Hauptdeich, Kraueler Hauptdeich – eventuell einen kurzen Abstecher zum Hof Eggers –, Zollenspieker Hauptdeich, Kirchenheerweg bis Kirchwerder. (Vom Kirchenheerweg eventuell einen kurzen Abstecher den Süderquerweg hoch zu Behnckens Vierländer Gemüsestand.) Weiter Heinrich-Stubbe-Weg bis Neuengamme. Von dort über Neuengammer Hausdeich, Curslacker Brücke, Curslacker Deich, Neuer Curslacker Deich, Vierlandenstraße, Bergedorfer Straße zum Bahnhof Bergedorf.

Bus-/Bahn-Anreise: S2 bis Bergedorf, dann weiter mit dem Bus 124 nach Kirchwerder. Oder Bus 221 nach Curslack. Oder Bus 228 nach Altengamme. Oder Bus 225 nach Neuengamme.

HVV-Info: ☎ 1 94 49

Auto-Anreise: A25 Abfahrt Curslack, dann Curslacker Neuer Deich, Kirchwerder Landweg, Süderquerweg (Behncken's Vierländer Gemüsestand), Zollenspieker Hauptdeich, Kirchwerder Mühlendamm (Hof Eggers), Kraueler Hauptdeich, Neuengammer Hauptdeich, Altengammer Hauptdeich, Kirchenstegel (St. Nicolai Kirche), Altengammer Hausdeich, Curslacker Deich (Freilichtmuseum Rieckhaus), Curslacker Neuer Deich (Auffahrt A25).

Vierlande: Es bringt Spaß, einen der zahlreichen Höfe selbst zu entdecken. Der Hof Eggers und Behncken's Vierländer Gemüsestand bauen nach ökologischen Grundsätzen an. Aber auch wenn man nicht einkauft, lohnt sich ein Besuch in den Vierlanden. Sehenswert sind alte Bauernhäuser wie das Freilichtmuseum Rieckhaus in Curslack. Schön ist auch die St. Nicolai Kirche in Altengamme.

Behncken's Vierländer Gemüsestand, Hofladen, Süderquerweg 224, 21037 Hamburg, ☎ 7 23 83 91, Fax 7 23 02 96. Dienstag 9–12 Uhr, Freitag 9–12 und 15–18 Uhr.

✉ Hof Eggers, Hofladen, Kirchwerder Mühlendamm 5, 21037 Hamburg, ☎ 7 23 03 37. Freitag 14–18 Uhr, Sonnabend 10–13 und 15–17 Uhr.

✉ Freilichtmuseum Rieckhaus, Curslacker Deich 284, 21039 Hamburg, ☎ 7 23 12 23. Dienstag bis Sonntag 10–16, Sommer bis 17 Uhr.

Stichwortverzeichnis: Von Alster-Kreuzfahrt bis Zitronenfalter